CORNELIA SCHINHARL

mediterran GENIESSEN

VERWÖHNREZEPTE RUND UMS MITTELMEER

CORNELIA SCHINHARL

mediterran

GENIESSEN

VERWÖHNREZEPTE RUND UMS MITTELMEER

Fotos von Alexander Walter

KOSMOS

MEDITERRAN GENIESSEN

UND HIER SEHEN SIE ES GANZ GENAU

DAS IST
wirklich
WICHTIG

DARAUF KOMMT'S AN! Hier erläutern wir alles, was zum Gelingen eines Rezepts wirklich wichtig ist. Wenn es sinnvoll ist, mit Bild, sonst auch mal ohne.

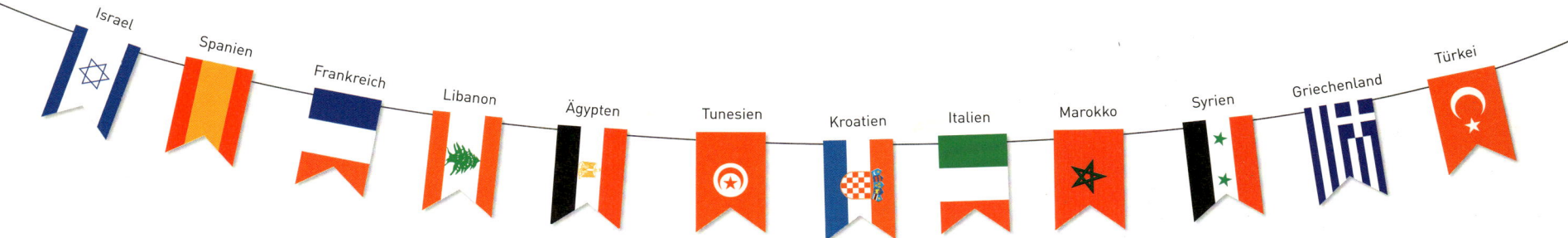

SEHNSUCHTSKÜCHE
von Spanien bis Marokko

Kennst du das Land, wo die Zitronen blühn,
Im dunklen Laub die Gold-Orangen glühn,
Ein sanfter Wind vom blauen Himmel weht,
Die Myrte still und hoch der Lorbeer steht,
Kennst du es wohl?
Dahin! Dahin
Möchte ich mit dir, o mein Geliebter, ziehn.

Diese Verse lässt schon Goethe seine Mignon in einer Ballade singen. Seit damals sind schon einige Jahrhunderte vergangen, doch an der Sehnsucht der Menschen nach sonnenverwöhnten Ländern mit mildem Klima, einer üppigen Vegetation und dem weiten Meer hat sich nichts geändert. Wer träumt sich nicht gerne nach Italien, Spanien, Tunesien oder Marokko – in die Wärme dieser Länder? Wir beneiden die Bewohner des Mittelmeerraums um ihren gemächlichen Lebensrhythmus, ihre Lebensfreude und lieben sie für ihre Fähigkeit, nicht nur das Leben, sondern auch Essen und Trinken so ausgiebig zu genießen.

Denn der Mittelmeerraum steht vor allem für eine Küche mit einem ganz besonderen Wesen: Eine Küche, die sich auf regionale Produkte konzentriert und sie schlicht, aber gekonnt mit den typischen Kräutern und Gewürzen des jeweiligen Landes zubereitet. Saftige Früchte und aromatisches Gemüse, die in der Sonne reifen und auf den lebendigen südländischen Märkten an reich gefüllten Ständen verkauft werden, stehen häufig im Mittelpunkt und werden mit Fisch, Meeresfrüchten, Fleisch, Hülsenfrüchten und Getreideprodukten ergänzt.

Auch wenn es bei uns etwas schwieriger ist, die frischen Zutaten mit den gleichen intensiven Aromen zu finden, ist es doch möglich, durch eine sorgfältige Auswahl und viel Liebe beim Kochen den Duft und Geschmack des Südens nach Hause zu holen. Lassen Sie sich dabei auf eine kulinarische Reise durch die Länder des Mittelmeers entführen und entdecken Sie die Gemeinsamkeiten und regionalen Besonderheiten der mediterranen Regionen.

FRISCH
vielfältig und gesund

MIT ALL DEN MEDITERRANEN KÖSTLICHKEITEN HOLEN
WIR UNS NICHT NUR DAS BESONDERE SÜDLICHE LEBENS-
GEFÜHL NACH HAUSE, SONDERN PROFITIEREN AUCH VON
DER GESUNDEN ERNÄHRUNGSWEISE DER SÜDLÄNDER.

NUR DIE RUHE

Schon viele Untersuchungen und Studien haben belegt, dass die Bewohner des Mittelmeerraums im Schnitt länger leben und länger gesund bleiben als zum Beispiel wir Deutschen. Denn obwohl sich die Lebens- und Ernährungsweisen der Länder, die an das Mittelmeer grenzen, je nach Kultur und Religion unterscheiden, haben sie vieles gemeinsam. Zum einen viel Sonnenschein und den entspannten Lebensstil, der die Südländer mehrmals am Tag innehalten lässt, um sich etwas Ruhe zu gönnen. Vor allem für das Essen nimmt man sich immer Zeit, und ganz besonders dann, wenn man zusammen am Tisch sitzt. Zum anderen hat aber auch die Ernährung an sich großen Einfluss auf die gesunde Lebensweise.

VIELFALT IST TRUMPF

Das milde Mittelmeerklima lässt eine reiche Auswahl an Gemüse, Früchten und Kräutern wachsen. Das spiegelt sich im Speiseplan der Menschen in Italien, Kroatien, Griechenland, Marokko und den anderen Mittelmeerländern wider. Sie ernähren sich insgesamt ausgesprochen vielfältig und essen mehrmals täglich frisches, sonnengereiftes Obst und Gemüse. Das ist gut für die Gesundheit, denn die darin enthaltenen bioaktiven Substanzen (sekundäre Pflanzenstoffe) haben positive Wirkungen auf viele Erkrankungen wie einen zu hohen Blutdruck oder Blutzuckerspiegel. Kombiniert werden die frischen Zutaten mit Pasta, Reis, Hülsenfrüchten, Brot und anderen Getreideprodukten. Sie sind nicht nur Beilagen wie bei uns, sondern ein Hauptbestandteil der mediterranen Küche. Zusammen mit dem vielen Gemüse ist so immer für ausreichend Ballaststoffe und damit für eine gute Verdauung gesorgt. Überall mit von der Partie ist dabei Olivenöl: Man träufelt es aufs Brot, rührt Dressings daraus und brät Gemüse, Fleisch und Fisch damit an. Olivenöl hat einen hohen Anteil an wertvollen einfach ungesättigten Fettsäuren. Man vermutet, dass sie, zusammen mit anderen im Öl enthaltenen gesundheitsfördernden Stoffen, dafür verantwortlich sind, dass Herz-Kreislauf-Erkrankungen rund um das Mittelmeer deutlich seltener sind also bei uns. Tierische Fette aus Butter, Sahne und anderen fetten Milchprodukten kommen dagegen äußerst selten auf den Tisch. Stattdessen wird viel Joghurt gegessen, der eine Menge Kalzium enthält. Der Mineralstoff ist gut für unsere Knochen und die ebenfalls im Joghurt enthaltenen Bakterien fördern die Darmgesundheit und damit auch das Immunsystem.

Und selbst die Gewürze und Kräuter, die zum Verfeinern der Gerichte verwendet werden, tun der Gesundheit gut. Zum Beispiel fördert Rosmarin die Durchblutung, Thymian und Estragon beschleunigen die Verdauung und Salbei ist gut für den Magen. Nicht zu vergessen Knoblauch, der bei fast keinem mediterranen Rezept fehlen darf. Er enthält Schwefelverbindungen, die den Blutdruck senken und Bakterien, Viren und Pilze aus dem Körper vertreiben. In vielen Mittelmeerländern wird zu all dem ein Gläschen Rotwein getrunken. Und selbst das kommt in Maßen genossen dem Wohlbefinden zugute, da bestimmte im Rotwein enthaltene Stoffe einen positiven Effekt auf das Herz-Kreislaufsystem haben sollen.

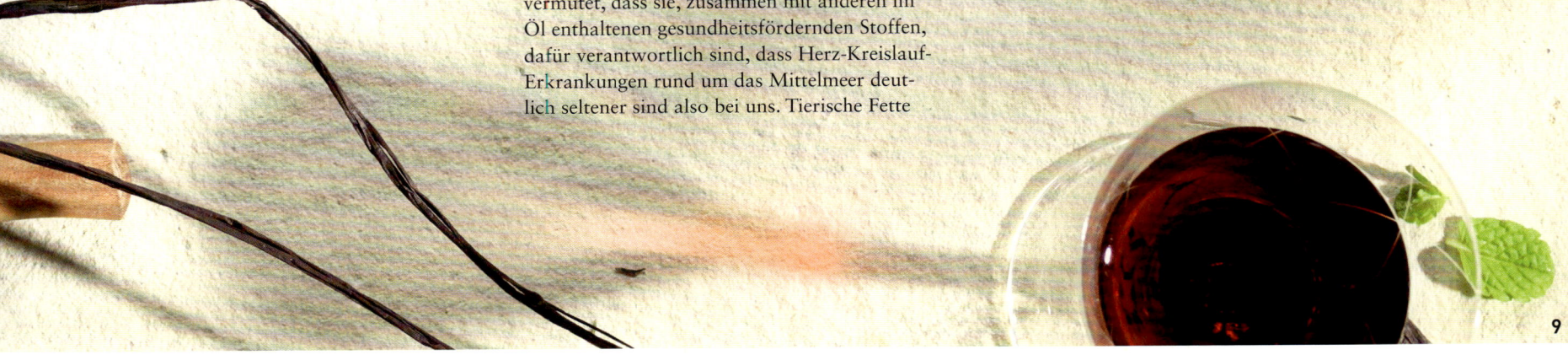

TAPAS
ANTIPASTI & MEZZE

OB IN SPANIEN, ITALIEN, DER TÜRKEI ODER IM
GESAMTEN ORIENT – EINE BUNTE MISCHUNG
AN FEINEN VORSPEISEN GEHÖRT ZUM AUFTAKT
EINER MAHLZEIT IMMER DAZU. DIE KÖSTLICH-
KEITEN AUS DIESEM KAPITEL BEREICHERN
ABER AUCH JEDES BUFFET.

GARNELEN
in Knoblauchöl

EIN EINFACHES UND DABEI KÖSTLICHES GARNELENGERICHT, DAS IN
SPANIEN AUF FAST JEDER TAPAS-THEKE ZU FINDEN IST.

Zutaten für 4 Portionen

700 g rohe Garnelen
in der Schale

4–6 Knoblauchzehen

1 frische rote Chilischote

4 Stängel Petersilie

6 EL Olivenöl

Salz

Zitronenschnitze zum Servieren

Zeitbedarf

▪ 20 Minuten

So geht's

1. Die Garnelen aus den Schalen lösen [→a]. Den Darm, falls nötig, entfernen [→b]. Garnelen kalt abbrausen und trocken tupfen.

2. Den Knoblauch schälen und in feine Scheiben schneiden. Chili waschen und putzen, mit oder ohne (milder!) Kerne fein hacken. Die Petersilie waschen und trocken schütteln. Die Blättchen abzupfen und fein hacken.

3. Das Öl in einer Pfanne bei mittlerer Hitze warm werden lassen. Garnelen mit Knoblauch, Chili und Petersilie darin 1–2 Minuten unter Rühren braten, bis sie nicht mehr glasig aussehen und sich rötlich verfärben. Länger und zu heiß gebraten, werden Garnelen zäh. Garnelen salzen und mit den Zitronenschnitzen servieren.

Dazu gibt's knuspriges Weißbrot.

Die Variante | Frankreich

Garnelen mit Fenchel
700 g rohe Garnelen in der Schale, 4 EL Olivenöl, ⅛ l trockener Weißwein, 1 kleine Fenchelknolle mit viel Grün, 1 TL Fenchelsamen, 50 ml Pastis (franz. Anisschnaps), Salz, Pfeffer aus der Mühle, Zitronensaft

Die Garnelen wie links beschrieben (Schritt 1) vorbereiten. Die Schalen in einem Topf in 1 EL heißem Olivenöl kräftig anbraten. Wein angießen, auf die Hälfte einkochen lassen. Den Fenchel waschen, vierteln und putzen. Das Fenchelgrün hacken. Die Fenchelviertel in feine Streifen schneiden. Fenchel mit Fenchelsamen im übrigen Olivenöl bei mittlerer Hitze 5 Minuten dünsten. Garnelen zugeben und 1–2 Minuten mitbraten. Pastis und Garnelensud ohne Schalen angießen und kräftig aufkochen. Fenchelgrün untermischen, salzen, pfeffern und mit Zitronensaft abschmecken. Mit Baguette servieren.

EINKAUFSTIPP | GUTE GARNELEN kommen aus kühlen Gewässern. Kaufen Sie also am besten Tiefsee- oder Kaltwassergarnelen. Rohe Garnelen sind für warme Gerichte immer besser als bereits gegarte. Da sie allerdings häufig nicht frisch im Angebot sind, können Sie rohe Garnelen auch tiefgekühlt kaufen. Packungsaufschrift beachten, die meisten TK-Garnelen sind vorgegart. Aus der Packung nehmen und im Kühlschrank auftauen lassen. Bioware bevorzugen!

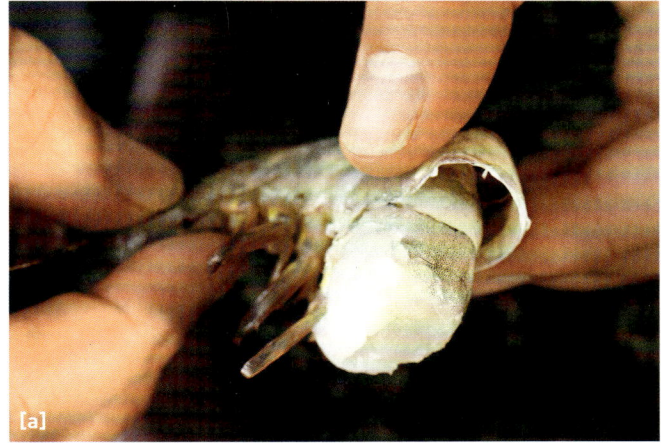

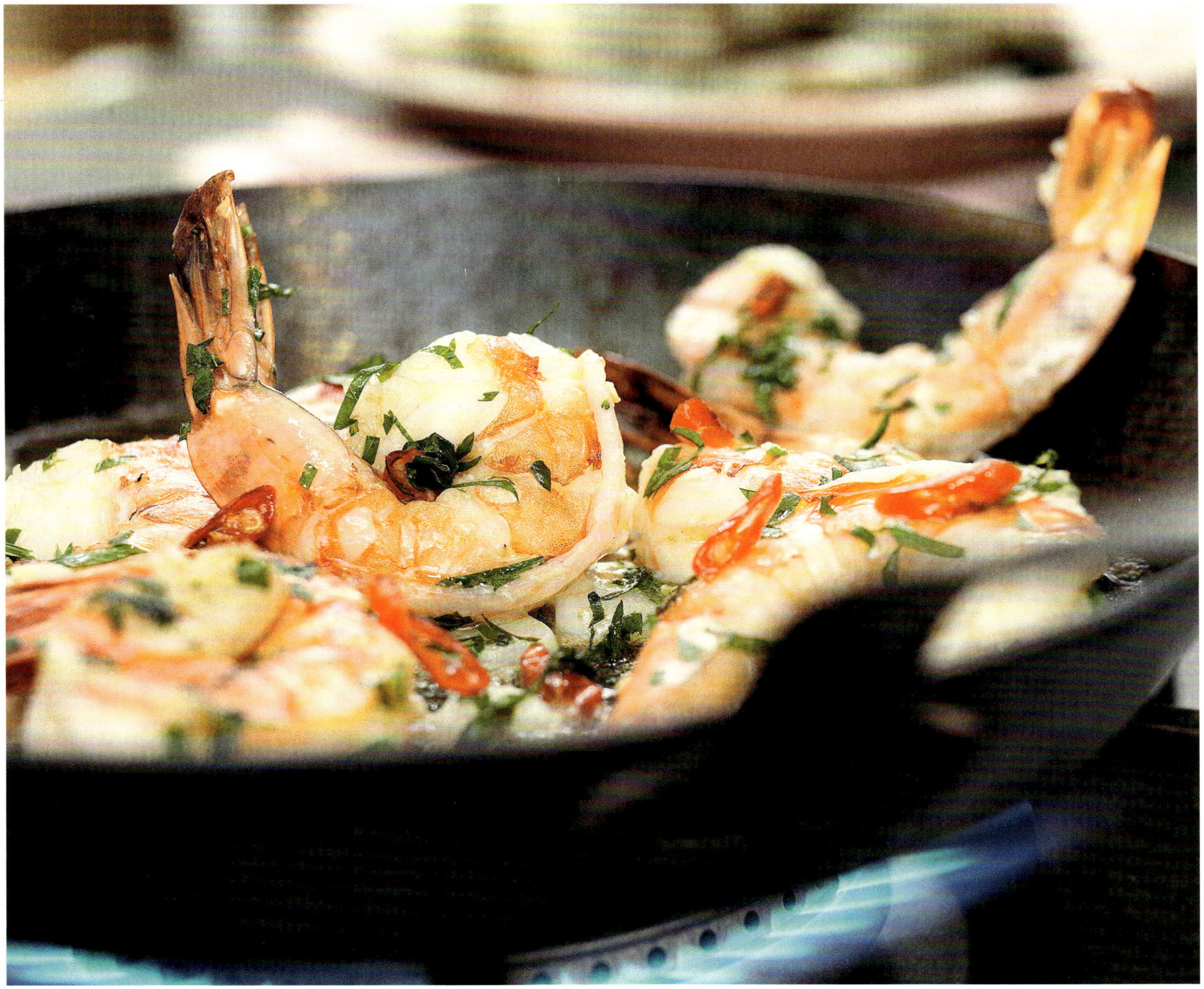

[a]

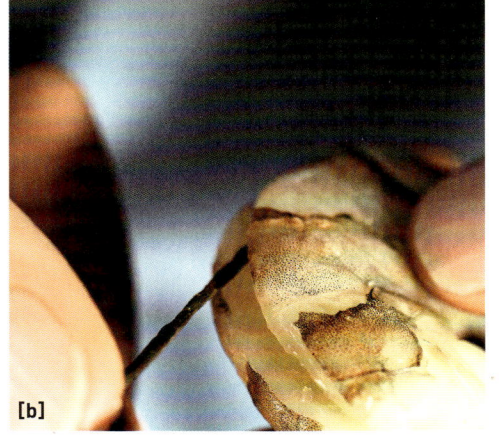

[b]

[a] SCHALE ABLÖSEN Die Schale der Garnelen besteht aus einzelnen Segmenten, die aber zusammenhängen. Brechen Sie diese an der Unterseite Stück für Stück mit den Fingern auf und lösen Sie sie ab. Schwanzflosse nach Belieben entfernen.

[b] DARM ENTFERNEN Die meisten Garnelen werden heute in den Zuchtbetrieben mit leerem Darm geschlachtet. Manchmal ist aber an der gebogenen Seite der Garnele, dem Rücken, ein dünner schwarzer Faden – der Darm – zu erkennen. Diesen können Sie an einer Seite fassen und im Ganzen herausziehen. Oder Sie schneiden das Garnelenfleisch oberhalb des Darms leicht ein und lösen den Darm von dort aus heraus.

CARPACCIO
vom Rind

ERFUNDEN WURDE ES VON GIUSEPPE CIPRIANI IN VENEDIG – MIT EINER SÄMIGEN RÖTLICHEN SAUCE. HEUTE IST CARPACCIO ÜBERALL IN ITALIEN ZU HAUSE UND WIRD AM LIEBSTEN WIE IN DIESEM REZEPT SERVIERT.

Zutaten für 4 Portionen

300 g sehr frisches Rinderfilet

5 EL Olivenöl

1 EL Zitronensaft

Salz, Pfeffer aus der Mühle

Rucolablätter und Parmesanspäne zum Servieren (nach Belieben)

Zeitbedarf
- 30 Minuten
- 1 Stunde gefrieren

So geht's

1. Das Rinderfilet parieren [→a], in Klarsichtfolie wickeln und ca. 1 Stunde ins Gefrierfach legen.

2. Vier Teller dünn mit Olivenöl einstreichen. Das Fleisch in dünne Scheiben schneiden und, falls nötig, mit einem Nudelholz dünner ausrollen [→b]. Fleisch dachziegelartig auf den Tellern auslegen. Restliches Öl mit dem Zitronensaft cremig schlagen und auf die Fleischscheiben träufeln. Fleisch mit Salz und Pfeffer würzen und pur servieren oder mit Rucola und Parmesan garniert.

Die Variante | Italien

Fisch-Carpaccio
300 g sehr frisches Schwertfisch-, Thunfisch- oder Goldbrassenfilet,
1 EL Zitronensaft, mittelgrobes Salz, Pfeffer aus der Mühle, 4 EL Olivenöl,
2 TL gehacktes Fenchelgrün oder gehackte Minze

Das Fischfilet mit einem scharfen Messer mit langer Klinge in möglichst feine Scheiben schneiden und auf vier Tellern verteilen. Den Zitronensaft mit Salz und Pfeffer verrühren, das Öl mit einer Gabel nach und nach zu einer cremigen Sauce unterschlagen. Die Sauce gleichmäßig auf die Fischscheiben träufeln und mit dem Löffelrücken darauf verstreichen. 10 Minuten ziehen lassen, dann mit Fenchelgrün oder Minze bestreuen und gleich servieren.

EINKAUFSTIPP | ROHES FLEISCH **Um es roh zu essen, muss das Fleisch von allerbester Qualität sein. Sagen Sie dem Metzger beim Einkauf am besten, dass Sie es als Carpaccio zubereiten möchten.**

DAS IST *wirklich* WICHTIG

[a] FLEISCH PARIEREN Zunächst das Fett abschneiden, dann die Sehnen: Dazu mit einem Messer mit dünner Klinge an einer Stelle unter die Sehne stechen. Die Sehne direkt am Fleisch abschneiden. Immer vom Körper weg arbeiten! Bei Fleisch, das Sie roh essen möchten, ist diese Vorbereitung besonders wichtig.

[b] DÜNNE SCHEIBEN Falls Sie keine Aufschnittmaschine haben, nehmen Sie zum Schneiden ein scharfes Messer mit dünner breiter Klinge. Scheiben, die nicht wirklich dünn geraten sind, auf ein Küchenbrett (Plastik oder Marmor) legen, mit Klarsichtfolie bedecken und mit dem Nudelholz dünner ausrollen.

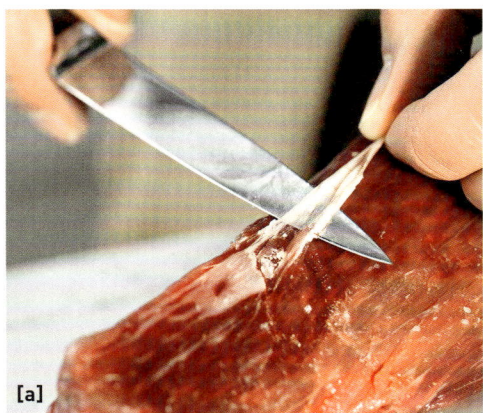
[a]

[b]

SPANIEN
Vielfältige Regionalküche

SPANIER ESSEN SPÄT: ZUM ERSTEN MAL GEGEN ELF UHR AM VORMITTAG UND DAS LETZTE MAL GEGEN ZEHN UHR AM ABEND. ABER DANN WARTET EIN GROSSER KULINARISCHER SCHATZ AUF SEINE ENTDECKUNG, DENN DAS ABWECHSLUNGSREICHE LAND HAT MEHR ZU BIETEN ALS NUR TOREROS, FLAMENCO, PAELLA UND SANGRIA.

DER SÜDEN – SONNENVERWÖHNT

Katalonien, Valencia, Murcia und Andalusien heißen die Regionen an der spanischen Mittelmeerküste. Überall wird gut gegessen, mit viel Knoblauch und aromatischem Olivenöl gekocht, aber auch mit Mandeln und Safran, die die Araber ins Land gebracht haben, zusammen mit Reis, Kichererbsen und vielem mehr. In Katalonien liebt man Saucen, zum Beispiel eine der südfranzösischen „aïoli" ähnliche Sauce aus zerdrücktem Knoblauch und Olivenöl, sowie die „picada" aus Knoblauch, Petersilie, Mandeln und Pinienkernen oder die „samfaina" aus Auberginen, Paprika, Tomaten und Kürbis. Eine weitere Spezialität der Katalonier ist das „pan tomaquat" – ein geröstetes Brot, auf dem das Fleisch sonnengereifter Tomaten mit Knoblauch verstrichen und dann kräftig mit Olivenöl beträufelt wird. Und nicht selten stößt man auf für uns eher ungewöhnliche Zusammenstellungen von Gerichten, denn die Katalanen lieben die Kombinationen von Fisch mit Wurst oder Garnelen mit Kaninchen. Valencia ist berühmt für seine Reisgerichte, die Region Murcia für die vorzügliche Zubereitung von Gemüse und Andalusien für seine einfachen, aber köstlichen Fischgerichte. Aber vor allem kennt man aus der südlichsten Region Spaniens die „gazpacho", eine gut gekühlte, dicke Suppe aus Tomaten, Gurken und Paprika, die mit reichlich Knoblauch und Olivenöl zubereitet im Sommer eine feine Erfrischung ist. Nicht zu vergessen die „pata negras", die schwarzen iberischen Schweine, aus denen der köstliche Schinken aus Jabugo im Nordwesten der Region gewonnen wird. Und auch in puncto Getränke hat Andalusien einiges zu bieten: den Malaga aus getrockneten Trauben und den Sherry, den es von süß bis trocken als Aperitif, aber auch zum Essen gibt.

TAPAS – SPANISCHE SPEZIALITÄT

Hat man in Spanien erst mal eine richtig gute Tapas-Bar mit einer reich gefüllten Theke gefunden, ist ein Abendessen nach dem Durchprobieren der vielen kleinen Köstlichkeiten meist überflüssig. „Tapa" heißt übersetzt schlicht „Deckel". Diese Namensgebung haben die spanischen Häppchen den Fruchtfliegen und anderen Insekten zu verdanken. Denn um sich vor diesen zu schützen, reichte man den Gästen in den Bars früher ein Stück Brot oder auch Wurst als Deckel für ihr Weinglas. Die Abdeckungen wurden am Ende aber immer verspeist und machten Lust auf mehr. Und so wurde aus einer einfachen Scheibe Brot eine abwechslungsreiche Vielfalt an Tapas, die man in den langen Theken bewundern kann: Gefüllte Pilze stehen neben Fleischbällchen in würziger Tomatensauce, eingelegte Sardellen neben frittierten Tintenfischen, kleine Spießchen neben Fleischstücken in Orangensauce, aromatischer Schinken neben Oliven und Käse. Üblicherweise werden Tapas im Stehen zu einem Glas Wein oder Bier genossen.

PAELLA – DAS NATIONALGERICHT

Valencia ist die Heimat der größten Reisfelder, hier wurde der „arroz" schon früh in großem Stil angebaut. Kein Wunder also, dass die Paella genau hier erfunden wurde. Mittlerweile ist sie zum Nationalgericht der Spanier aufgestiegen und in jeder Region in einer etwas anderen Variante zu finden. Ursprünglich wurde sie in Valencia nur mit Hähnchen und Kaninchen und ohne Fisch und Meeresfrüchte zubereitet. Fester Bestandteil war aber schon immer der lockere, mit Safran eingefärbte und wunderbar aromatische Reis, der in einer großen, speziellen Paellapfanne mittlerweile auch mit Muscheln, Hähnchen, Kaninchen, Paprika, Tomaten und anderem Gemüse der Saison zubereitet wird.

SÜSSES – ARABISCH INSPIRIERT

Neben der „crema catalana", einem im Wasserbad gestockten Flan mit karamellisiertem Zucker, lieben die Spanier ihr „turrón", ein zucker- oder honigsüßes Konfekt aus Mandeln. Beliebt sind auch ein knuspriger Kuchen aus einem Teig mit Olivenöl und Schmalzgebäck, das man sich vor allem an Festtagen schmecken lässt.

AUBERGINEN
gegrillt mit Tzatziki

Zutaten für 4 Portionen

1 mittelgroße Salatgurke

Salz

7 EL Olivenöl

2 Auberginen (ca. 700 g)

Pfeffer aus der Mühle

2 Knoblauchzehen

8 Stängel Minze

400 g Sahnejoghurt
(10 % Fett; z.B. griech. Joghurt
oder Joghurt aus Schafsmilch)

1 – 2 TL Zitronensaft

Zeitbedarf
- 35 Minuten

So geht's

1. Die Gurke schälen und längs halbieren. Die Kerne mit einem Teelöffel herauskratzen. Die Gurkenhälften fein raspeln oder sehr klein würfeln und in einer Schüssel mit Salz bestreuen, etwa 10 Minuten Saft ziehen lassen.

2. Inzwischen den Backofengrill anheizen. Ein Backblech mit Backpapier belegen und das Papier mit 3 EL Öl bestreichen. Die Auberginen waschen, putzen, der Länge nach in knapp 1 cm dicke Scheiben schneiden und nebeneinander auf das Blech legen. Die Oberseiten mit 3 EL Öl einpinseln, salzen und pfeffern.

3. Das Blech mit etwa 15 cm Abstand zum Grill in den Ofen schieben und die Auberginen etwa 15 Minuten grillen, dabei einmal wenden.

4. Währenddessen den Saft, der sich bei den Gurken gebildet hat, abgießen. Den Knoblauch schälen und durch die Presse zu den Gurken drücken. Die Minze waschen, trocken schütteln, die Blättchen fein hacken und mit Joghurt, restlichem Öl (1 EL) und Zitronensaft gründlich unter die Gurke mischen. Tzatziki abschmecken und zu den gegrillten Auberginen servieren.

WEINBLÄTTER
mit Reis gefüllt

Zutaten für 4 Portionen

20 eingelegte Weinblätter (Glas oder Dose; Feinkostabteilung oder türk. Lebensmittelladen)

1 Zwiebel

2 Knoblauchzehen

8 EL Olivenöl

125 g Langkornreis

40 g Pinienkerne

40 g Korinthen oder Sultaninen

1 Bund Petersilie

½ Bund Minze

Salz, Pfeffer aus der Mühle

1 kräftige Prise gem. Kreuzkümmel

4 EL Zitronensaft

Zeitbedarf
- 30 Minuten
- 40 Minuten garen

So geht's

1. Die Weinblätter vorsichtig auseinanderlösen, kalt abspülen und abtropfen lassen.

2. Zwiebel und Knoblauch schälen, fein hacken und in einem Topf in 2 EL Öl andünsten. Den Reis dazugeben, kurz mitdünsten, dann Pinienkerne und Korinthen oder Sultaninen unterrühren. 100 ml Wasser angießen, aufkochen lassen und den Reis zugedeckt bei schwacher Hitze etwa 5 Minuten garen, bis er das Wasser aufgesogen hat.

3. Inzwischen die Kräuter waschen und trocken schütteln. Die Blättchen fein hacken und unter den Reis mischen. Reis mit Salz, Pfeffer und Kreuzkümmel abschmecken.

4. Die Weinblätter mit der glatten Seite nach unten auf der Arbeitsfläche ausbreiten. Je etwa 1 TL Reismischung auf den unteren Hälften verteilen, die Seiten einschlagen und die Blätter nicht zu fest zusammenrollen, da der Reis beim Garen noch aufquillt.

5. Gefüllte Weinblätter mit der Nahtseite nach unten nebeneinander in einen Topf legen. 375 ml Wasser mit dem restlichem Olivenöl und Zitronensaft mischen, salzen, pfeffern und zu den Weinblättern gießen, so dass sie knapp davon bedeckt sind. Die Blätter mit einem hitzefesten Teller beschweren und die Flüssigkeit zum Kochen bringen. Die Blätter zugedeckt bei schwacher Hitze etwa 40 Minuten garen, bis sie die Flüssigkeit aufgesogen haben. Abkühlen lassen.

GEFÜLLTE PILZE
mit Chorizo

Zutaten für 4 Portionen

16 größere Champignons oder Egerlinge (ca. 600 g)

1 dünne Stange Lauch

2 Knoblauchzehen

100 g Chorizo (am Stück; span. scharfe Paprikawurst)

1 Tomate

4 EL Olivenöl

4 EL Sherry

½ Bund Petersilie

1 EL grüne Oliven (ohne Stein)

1 Ei (Größe M)

2 EL Semmelbrösel

Salz, Pfeffer aus der Mühle

Zeitbedarf
- 45 Minuten
- 20 Minuten backen

So geht's

1. Die Champignons oder Egerlinge mit feuchtem Küchenpapier säubern und putzen. Für die Füllung die Stiele heraustrennen und fein hacken. Den Lauch putzen, gründlich waschen und fein hacken. Den Knoblauch schälen und ebenfalls hacken. Die Wurst und Tomate häuten (siehe Seite 83) und sehr klein würfeln.

2. In einem Topf 1 EL Olivenöl erhitzen, Pilzstiele mit Lauch und Knoblauch darin bei mittlerer Hitze 1–2 Minuten andünsten. Chorizo und Tomate dazugeben, kurz mitdünsten, dann mit Sherry ablöschen. Den Topf von der heißen Herdplatte ziehen.

3. Den Backofen auf 220 °C (Ober- und Unterhitze; Umluft 200 °C) vorheizen. Die Petersilie waschen und trocken schütteln. Die Blättchen mit den Oliven fein hacken und zusammen mit dem Ei und den Semmelbröseln unter die Chorizomischung rühren, salzen und pfeffern.

4. Die Füllung in den Pilzhüten verteilen. Die Pilze nebeneinander in eine feuerfeste Form setzen, mit dem übrigen Öl beträufeln und im heißen Ofen (Mitte) etwa 20 Minuten backen, bis sie schön gebräunt sind. Warm, lauwarm oder abgekühlt mit frischem Weißbrot essen.

SAFRANZWIEBELN
mit Honig

Zutaten für 4 Portionen

1 Döschen Safranfäden (0,1 g)

500 g kleine Zwiebeln oder Schalotten

4 Knoblauchzehen

1 kleine getr. Chilischote

4 EL Olivenöl

2 TL Ras el-Hanout (marok. Gewürzmischung)

1 EL Honig

2 EL Zitronensaft

Salz

einige Stängel Minze zum Garnieren (nach Belieben)

besonderes Werkzeug
- Mörser

Zeitbedarf
- 45 Minuten

So geht's

1. In ein Schälchen ⅛ l Wasser füllen. Die Safranfäden zwischen den Fingerspitzen zerkrümeln und im Wasser etwa 30 Minuten einweichen, bis sich das Wasser intensiv orange gefärbt hat.

2. Die Zwiebeln oder Schalotten und den Knoblauch schälen, die Zwiebeln ganz lassen, den Knoblauch halbieren. Die Chilischote im Mörser oder mit den Fingern zerkrümeln.

3. Das Öl in einem Topf erhitzen, Zwiebeln und Knoblauch darin bei mittlerer Hitze unter Rühren etwa 5 Minuten anbraten. Das Safranwasser dazugießen. Zwiebeln mit Chili, Ras el-Hanout, Honig und Zitronensaft würzen und zugedeckt bei schwacher Hitze etwa 20 Minuten schmoren, bis sie schön weich sind und die Flüssigkeit aufgesogen haben. Bei Bedarf noch etwas Flüssigkeit nachgießen.

4. Die Zwiebeln mit Salz abschmecken und abkühlen lassen. Nach Belieben die Minze waschen und trocken schütteln, die Blättchen abzupfen, fein hacken und vor dem Servieren auf die Safranzwiebeln streuen.

SPARGELTARTE
mit Kräutern

TARTE UND QUICHE SIND IN GANZ FRANKREICH BELIEBT – AN DER KÜSTE
BEREITET MAN SIE AM LIEBSTEN MIT GEMÜSE, VIELEN KRÄUTERN UND ANDEREN
WÜRZIGEN ZUTATEN ZU.

Zutaten für 4 Portionen

250 g Mehl

100 g kalte Butter

4 Eier (Größe M)

Salz

600 g grüner Spargel

1 Bund Frühlingszwiebeln

1 Handvoll Frühlingskräuter
(z. B. Kerbel, Bärlauch und
Schnittlauch)

250 g Sahne oder Crème fraîche

150 g frisch geriebener Berg-
käse (Greyerzer oder Comté)

Pfeffer aus der Mühle

besonderes Werkzeug
▪ Tarteform (30 cm Ø)

Zeitbedarf
▪ 1 Stunde
▪ 40 Minuten backen

So geht's

1. Das Mehl mit der Butter in kleinen Würfeln, 1 Ei, 1 TL Salz und
1 – 2 EL eiskaltem Wasser rasch zu einem glatten Teig verkneten.
Den Teig rund ausrollen **[→a]** und in die Tarteform legen. In der
Form etwa 1 Stunde kühl stellen.

2. Inzwischen den Spargel waschen und putzen **[→b]**. In etwa 5 cm
lange Stücke schneiden und in kochendem Salzwasser 1 Minute
vorkochen. Kalt abschrecken und abtropfen lassen.

3. Die Frühlingszwiebeln waschen, putzen und mit dem zarten dun-
kelgrünen Teil in Ringe schneiden. Die Kräuter waschen und
trocken schütteln, Blättchen bei Bedarf von den Stielen zupfen,
alle Kräuter fein schneiden.

4. Die Sahne oder Crème fraîche mit dem Käse und den restlichen
Eiern verrühren, Frühlingszwiebeln und Kräuter untermischen
und alles mit Salz und Pfeffer abschmecken.

5. Den Backofen auf 200 °C (Ober- und Unterhitze; Umluft 180 °C)
vorheizen. Den Spargel auf dem gekühlten Teigboden auslegen,
den Guss darüber verteilen. Die Tarte im Ofen (Mitte) etwa
40 Minuten backen, bis sie schön gebräunt ist.

Die Variante | Frankreich

Quiche mit Oliven
250 g Mehl, 100 g kalte Butter, 4 Eier (Größe M), Salz,
400 g Cocktailtomaten,
1 Bund Frühlingszwiebeln,
1 großes Bund gemischte
Kräuter (z. B. Basilikum,
Thymian, Petersilie und etwas Minze), 100 g grüne Oliven (ohne Stein), 250 g Ziegenfrischkäse, 4 EL Olivenöl,
Salz, Chiliflocken

Aus Mehl, Butter, 1 Ei und
Salz wie links beschrieben
(Schritt 1) einen Tarteboden
vorbereiten. Für die Füllung
die Tomaten waschen und
halbieren. Frühlingszwiebeln
und Kräuter waschen. Zwiebeln putzen und in Ringe
schneiden. Kräuter ohne
grobe Stiele mit den Oliven
fein hacken und mit Tomaten
und Frühlingszwiebeln auf
dem Teigboden verteilen.
Ziegenfrischkäse mit Olivenöl und restlichen Eiern verrühren. Guss mit Salz und
Chiliflocken würzen und über
das Gemüse gießen. Quiche
wie beschrieben (Schritt 5)
backen.

[a]

DAS IST
wirklich
WICHTIG

....

[a] TEIG AUSROLLEN Den Teig zu einer Kugel formen und auf ein Stück Frischhaltefolie legen. Mit einem weiteren Stück Folie abdecken. Teig mit dem Nudelholz ausrollen, dabei nach jedem zweiten Rollen ein Stück um die eigene Achse drehen, damit er gleichmäßig rund wird. Obere Folie abziehen, Teig in die Form stürzen und darin verteilen. Zweite Folie abziehen. Ränder glatt schneiden.

[b] SPARGEL VORBEREITEN Grüner Spargel hat nur am unteren Ende eine harte Schale. Den Übergang zwischen zartem und grobem Teil stellen Sie so fest: Die Stange mit den Händen am unteren Ende und etwa in der Mitte festhalten. Am unteren Ende leicht biegen. Die Stange bricht dort ab, wo der harte Teil beginnt. Diesen entweder wegwerfen oder gut schälen.

DIE STANGE BRICHT DORT, WO DER HOLZIGE TEIL ANFÄNGT.

[b]

21

GEMÜSE

Von der Sonne verwöhnt

EINFACH PRACHTVOLL, WIE DAS BUNTE GEMÜSE SICH
AUF DEN MARKTSTÄNDEN DES SÜDENS PRÄSENTIERT.
KEIN WUNDER, DASS ES ÜBERALL AM MITTELMEER EINE
ZENTRALE ROLLE AUF DEM SPEISEPLAN SPIELT.

ALLESKÖNNER

Es gibt sie von fest bis fleischig, mit grünlichen Stellen und angenehm säuerlich für den Salat, oder klein und süßlich zum Naschen für zwischendurch und länglich und weich für den Sugo. Die **Tomate** hat ihren Siegeszug durch die Mittelmeerländer bis zu uns in die kühleren Regionen erfolgreich angetreten. Auch hierzulande können wir inzwischen wählerisch sein und bekommen durchaus aromatische Sorten wie Costoluto, Datteltomate oder Ochsenherz. Tomaten reifen übrigens auch nach der Ernte nach: Legen Sie sie dazu am besten auf ein sonniges Fensterbrett. Den Kühlschrank mögen Tomaten dagegen gar nicht, in der Kälte büßen sie rasch Aroma ein.

GROSSE VIELFALT

In der Türkei und im Orient liebt man die länglichen **Spitzpaprika**, die rot oder blassgelb, aber auch kräftig grün zu haben sind. Sie werden gerne gefüllt und im Ofen gebacken. Die roten und gelben Schoten lassen sich besser häuten als grüne. Letztere werden unreif geerntet, dadurch löst sich die Haut nach dem Backen nur schlecht vom Fruchtfleisch. Zur Familie der Paprika gehören auch die scharfen bis milden **Chilischoten**, die man ebenfalls in Grün und Rot findet. Die meiste Schärfe sitzt übrigens in den Kernen. Wer also nicht so gerne scharf isst, sollte beim Putzen alle Kerne oder einen Teil davon entfernen.

LIEBLINGE

In Süditalien, in der Türkei und in Griechenland, aber auch im Orient gehören **Auberginen** sicher zu den Favoriten unter den Gemüsesorten. Auberginen schmecken gebraten und gegrillt, aber auch geschmort in einer aromatischen Sauce sehr gut. Roh sind sie jedoch nicht nur schwer verdaulich, sondern auch geschmacklich uninteressant. Übrigens sollten Sie eher Früchte mit matter Haut wählen, sie deutet auf reife Früchte hin. Unreife Auberginen hingegen glänzen kräftig.

AUCH MIT BLÜTE

Bei uns ein eher seltener Anblick, in den Mittelmeerländern dagegen, vor allem in Italien und Südfrankreich, leuchten einem die strahlend gelben Blüten der **Zucchini**früchte überall entgegen – mal mit kleiner Frucht, mal solo. Sie werden in Ausbackteig getaucht und frittiert, gefüllt und im Ofen gebacken oder in heißem Olivenöl knusprig gebraten. Zucchini selbst schmecken roh, gebraten und gegrillt besonders gut. Kaufen Sie am besten kleinere zarte Exemplare, sie haben noch kleine Kerne und sind feiner im Geschmack.

ZUM ZUPFEN

Die runden fleischigen **Artischocken** aus Frankreich werden im Ganzen gekocht. Anschließend werden die Blätter abgezupft, um die fleischigen Enden in eine feine Sauce zu tunken und zu genießen, bis man schließlich auf das zarte Artischockenherz stößt. Die kleinen länglichen Artischocken, die vor allem in Italien und Südfrankreich wachsen, sind so zart, dass man sie roh in dünne Scheiben geschnitten ebenso genießen kann wie gebraten oder im Ofen gebacken. Die Artischockenböden, die es beim Feinkosthändler offen oder im Supermarkt im Glas zu kaufen gibt, stammen von den fleischigen, runden Sorten.

EXOTISCH

Okraschoten sind die fleischigen Samenhüllen einer Hibiskusart, die vor allem im Vorderen Orient häufig zubereitet wird: in Eintöpfen mit Rind, Lamm oder Huhn oder als Vorspeise oder Beilagengemüse mit Granatapfelsaft oder Tomaten. Okraschoten werden unreif geerntet, nur dann entfalten sie den feinen Geschmack. Die kleinen grünen Schoten enthalten im Inneren einen schleimigen Saft, der beim Garen nicht auslaufen sollte. Schälen Sie die Stielansätze der Schoten deshalb nur ganz dünn und spitz zulaufend. Dabei unbedingt darauf achten, dass die Schote selbst nicht verletzt wird.

DAS IST *wirklich* WICHTIG

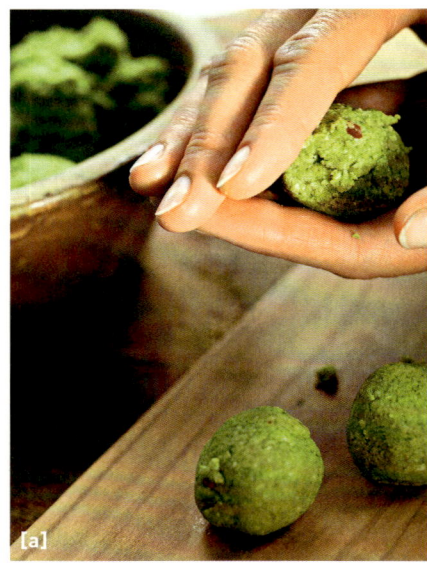

[a]

[a] BÄLLCHEN FORMEN Erbsen lassen sich feiner pürieren als Kichererbsen. Aber: Die Mischung ist nach dem Pürieren trotzdem nicht ganz glatt. Nehmen Sie etwas vom Teig ab und drücken Sie die Masse zwischen den Händen zu Bällchen, statt sie zu rollen. Vor allem beim Teig aus Kichererbsen ist das nämlich schwierig.

[b] PERFEKT FRITTIEREN Die Bällchen portionsweise frittieren, damit sich das Fett nicht zu sehr abkühlt. Wenn die Bällchen am Topfboden kleben, lösen Sie sie mit dem Kochlöffel vorsichtig wieder ab.

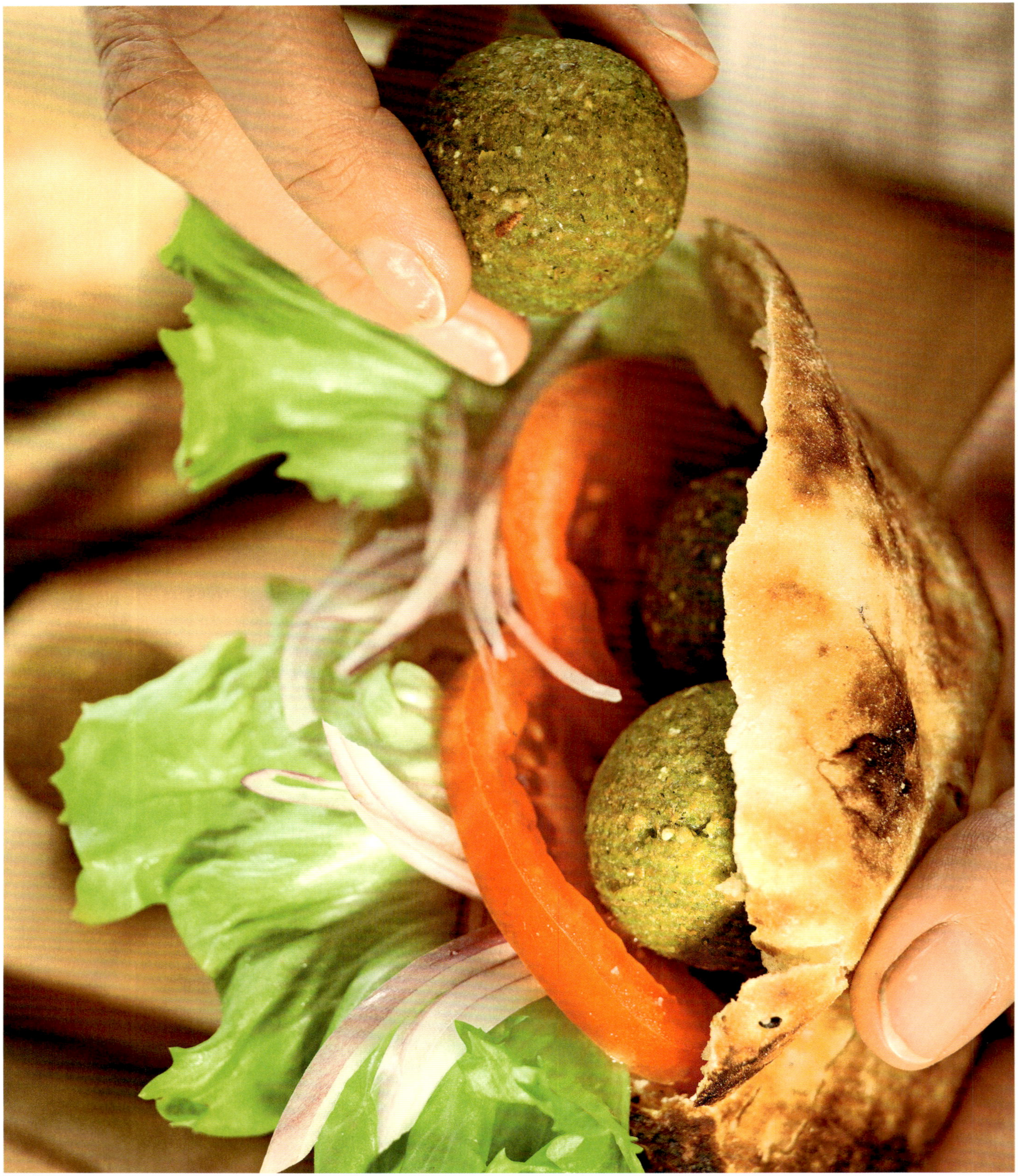

FALAFEL
im Fladenbrot

DAS ISRAELISCHE NATIONALGERICHT IST ÜBERALL IM NAHEN UND MITTLEREN OSTEN BELIEBT UND EIN VERBREITETER IMBISS. DASS MAN DIE FALAFEL AUCH MIT ERBSEN ZUBEREITEN KANN, HAT UNS EIN IRANER VERRATEN.

Zutaten für 4 Portionen

250 g getr. gelbe oder grüne Erbsen (ersatzweise Kicher-erbsen), 1 Msp. Natron

4 Frühlingszwiebeln

2 Knoblauchzehen

1 Stück frische rote Chilischote

je ½ Bund Petersilie und Minze

1 TL Backpulver

je 1 geh. TL gem. Koriander, Kreuzkümmel und edelsüßes Paprikapulver, Salz

250 g Naturjoghurt

1 TL Harissa (scharfe Gewürz-paste)

2 TL Zitronensaft

2 TL Olivenöl

1 rote Zwiebel, 2 Tomaten

4 – 8 Kopfsalatblätter

4 kleine Fladenbrote

¾ l Öl (zum Frittieren)

besonderes Werkzeug
- Küchenmaschine

Zeitbedarf
- 45 Minuten
- 12 – 18 Stunden quellen

So geht's

1. Die Erbsen am Vortag in einer Schüssel mit Wasser bedecken, das Natron unterrühren. Die Hülsenfrüchte 12 – 18 Stunden quellen lassen.

2. Am nächsten Tag die Erbsen in einem Sieb kalt abspülen, abtropfen lassen und in eine Küchenmaschine geben. Frühlingszwiebeln waschen und putzen. Knoblauch schälen, Chili waschen und putzen. Kräuter waschen und trocken schütteln. Frühlingszwiebeln, Knoblauch, Chili und Kräuterblättchen grob hacken, zu den Hülsenfrüchten geben und in der Küchenmaschine gründlich zerkleinern. Backpulver und Gewürze dazugeben und alles mit Salz abschmecken. Die Masse zu Bällchen formen [→a].

3. Den Backofen auf 180 °C (Ober- und Unterhitze; Umluft 160 °C) vorheizen. Den Joghurt mit Harissa, Zitronensaft und Olivenöl verrühren, mit Salz abschmecken. Die Zwiebel schälen und in Streifen schneiden. Die Tomaten waschen und in Scheiben schneiden. Salatblätter waschen und trocken tupfen. Fladenbrote im Ofen (Mitte) 3 – 4 Minuten auf-backen.

4. Das Öl zum Frittieren erhitzen (siehe Seite 78). Die Bällchen darin portionsweise ca. 4 Minuten frittieren [→b]. Jeweils mit dem Schaumlöffel aus dem Fett heben, abtropfen lassen und auf einer dicken Lage Küchenpapier abfetten lassen. Fladenbrote aufschneiden und mit Salatblättern, Zwiebel und Tomatenscheiben füllen. Heiße Falafel darauflegen und mit etwas Joghurt bedeckt sofort servieren.

KULINARISCHE TRADITION | FALAFEL könnte man als orientalisches Street-Food bezeichnen, denn sie werden hauptsächlich als Imbiss auf der Straße verkauft. Zusammen mit Tahin (Sesam-sauce), Hummus (Rezept Seite 26) und frischem Gemüse wie Gurken oder Tomaten findet man sie aber auch auf den typischen Mezzeplatten.

HUMMUS
mit Würzöl

Zutaten für 4 Portionen

150 g getr. Kichererbsen

1 TL Natron

2 Knoblauchzehen

4 EL Olivenöl

3 EL Tahin (Sesampaste)

3 EL Zitronensaft

Salz

1 TL gem. Kreuzkümmel

2 TL Ras el-Hanout (marok. Gewürzmischung)

Cayennepfeffer (nach Belieben)

besonderes Werkzeug
▪ Pürierstab

Zeitbedarf
▪ 35 Minuten
▪ 12 Stunden quellen
▪ 1 Stunde kochen

So geht's

1. Die Kichererbsen in einer Schüssel mit Wasser bedecken und über Nacht quellen lassen. Am nächsten Tag abgießen und mit frischem Wasser in einen Topf geben. Das Wasser zum Kochen bringen, aber keinesfalls salzen, das Natron einrühren. Die Kichererbsen bei halb aufgelegtem Deckel in ca. 1 Stunde weich kochen. Die Kichererbsen dann abgießen und abkühlen lassen.

2. Den Knoblauch schälen und durchpressen. Knoblauch mit Kichererbsen, 1 – 2 EL Wasser, 2 EL Öl, Tahin und Zitronensaft mit einem Pürierstab fein pürieren. Der Hummus soll sämig und weich sein, aber nicht zerfließen. Geben Sie eventuell beim Pürieren noch etwas Wasser an die Paste.

3. Den Hummus mit Salz und Kreuzkümmel abschmecken und in ein Schälchen füllen. Das übrige Öl mit dem Ras el-Hanout und eventuell dem Cayennepfeffer leicht erwärmen, wenig salzen und auf den Hummus löffeln.

Dazu passt Fladenbrot.

AUBERGINENDIP
mit Tahin

Zutaten für 4 Portionen

1 Aubergine (ca. 400 g)

50 g schwarze Oliven

½ Bund Petersilie oder Minze

2 Frühlingszwiebeln

2 Knoblauchzehen (nach Belieben)

2 EL Tahin (Sesampaste)

1 EL Zitronensaft

4 EL Olivenöl

Salz, Pfeffer aus der Mühle

besonderes Werkzeug
▪ Pürierstab

Zeitbedarf
▪ 30 Minuten
▪ 30 Minuten backen

So geht's

1. Den Backofen auf 250 °C (Ober- und Unterhitze; Umluft 220 °C) vorheizen. Die Aubergine waschen und den Stiel abschneiden. Die Aubergine einstechen und auf einem Backblech im Ofen ca. 30 Minuten backen, bis die Haut sehr dunkel und die Aubergine weich ist. Aubergine herausnehmen und etwas abkühlen lassen.

2. Inzwischen die Oliven entsteinen und fein hacken. Die Kräuter waschen und trocken schütteln, die Blättchen abzupfen und fein schneiden. Die Frühlingszwiebeln waschen, putzen und mit dem saftigen Grün fein hacken. Nach Belieben den Knoblauch schälen und durch die Presse drücken.

3. Die Aubergine der Länge nach aufschneiden und das Fruchtfleisch aus jeder Hälfte mit einem Löffel von den Schalen abschaben. Das Auberginenfleisch mit Tahin, Zitronensaft und Olivenöl mit einem Pürierstab fein zerkleinern. Oliven, Kräuter, Zwiebeln und nach Belieben Knoblauch unter den Auberginendip rühren und mit Salz und Pfeffer abschmecken. Auberginencreme gleich servieren oder im Kühlschrank einige Stunden durchziehen lassen.

Dazu schmeckt Fladenbrot besonders gut.

BRUSCHETTE
mit Tomaten

Zutaten für 4 Portionen

200 g Tomaten

1 EL Basilikumblättchen

5 EL Olivenöl

Salz, Pfeffer aus der Mühle

8 Scheiben ital. Weißbrot

2 fleischige Knoblauchzehen

Zeitbedarf
▪ 20 Minuten

So geht's

1. Den Backofen auf 250 °C (Umluft 220 °C) vorheizen.

2. Die Tomaten waschen und halbieren. Die Hälften leicht zusammendrücken und einen Teil der Kerne mitsamt dem weichen Fruchtfleisch entfernen. Die Tomaten ohne Stielansätze klein würfeln. Die Basilikumblättchen fein schneiden. Tomaten und Basilikum mit dem Öl mischen und mit Salz und Pfeffer abschmecken.

3. Die Brotscheiben nebeneinander auf einen Rost legen und im Backofen (Mitte) in 4–5 Minuten knusprig rösten.

4. Inzwischen die Knoblauchzehen schälen. Die gerösteten Brotscheiben mit dem Knoblauch einreiben, die Tomatenwürfel darauf verteilen und die Bruschette gleich essen.

HIRTENSALAT
mit Oregano

Zutaten für 4 Portionen

2 Fleischtomaten

1 mittelgroße Salatgurke

1 große grüne Paprikaschote

1 milde weiße oder rote Zwiebel

4 Stängel Minze

200 g Feta (Schafskäse)

100 g schwarze Oliven

2 EL Zitronensaft oder Rotweinessig

Salz, Pfeffer aus der Mühle

5 EL Olivenöl

1 TL getr. Oregano

Zeitbedarf
▪ 30 Minuten

So geht's

1. Die Tomaten waschen, halbieren und die Stielansätze herausschneiden. Die Hälften in dünne Spalten oder Würfel schneiden. Die Gurke waschen und die Enden abschneiden. Die Gurke der Länge nach halbieren und quer in etwa 0,5 cm dicke Scheiben schneiden. Die Paprikaschote waschen und vierteln, den Stiel und die Trennhäute mitsamt den Kernen entfernen. Die Viertel in dünne Streifen teilen.

2. Die Zwiebel schälen, vierteln und quer in feine Streifen schneiden. Die Minze waschen und trocken schütteln, die Blättchen abzupfen und fein hacken. Den Feta grob in eine Salatschüssel krümeln. Tomaten, Gurke, Paprika und Zwiebel mit der Minze und den Oliven dazugeben und alles vorsichtig mischen.

3. Für ein Dressing Zitronensaft oder Essig mit Salz und Pfeffer verrühren. Das Öl nach und nach mit einer Gabel unterschlagen, bis eine cremige Sauce entstanden ist. Die Sauce unter den Salat heben. Den Hirtensalat vor dem Servieren abschmecken und mit Oregano bestreuen.

LABANEH
mit Würzöl

EINE ART FRISCHKÄSEBÄLLCHEN AUS JOGHURT. SIE STAMMEN AUS DEM LIBANON UND WERDEN
DORT SOWOHL FRISCH MIT BROT UND OLIVEN GEGESSEN ODER IN WÜRZIGES OLIVENÖL EINLEGT.

Zutaten für 4 Portionen

600 g stichfester Sahnejoghurt
(10 % Fett; z. B. griech. Joghurt
oder Joghurt aus Schafs- oder
Ziegenmilch)

Salz

1 frische rote Chilischote

½ Bio-Limette oder -Zitrone

je 4 Stängel Minze und
Koriander

4 EL Olivenöl

Zeitbedarf
- 30 Minuten
- 1 – 2 Tage abtropfen

So geht's

1. Den Joghurt mit 1 TL Salz in einer Schüssel glatt rühren. Ein Sieb mit einem Tuch (z. B. Mulltuch) auskleiden und über eine Schüssel hängen. Den Joghurt hineinfüllen, glatt streichen und die Tuchenden darüberlegen oder hochnehmen und zusammenbinden. Den Joghurt so an einen kühlen Ort stellen (z. B. Kühlschrank oder Keller) und mindestens 24 Stunden abtropfen lassen, bis er wie Frischkäse aussieht und etwa die Hälfte seines Gewichts verloren hat.

2. Den Labaneh in etwa 12 gleich große Portionen teilen und zwischen geölten Handflächen zu tischtennisballgroßen Kugeln rollen. Die Frischkäsebällchen auf vier Tellern verteilen und kühl stellen.

3. Die Chilischote waschen und den Stiel abschneiden. Die Chilischote mit den Kernen sehr fein hacken. Die Limetten- oder Zitronenhälfte waschen und abtrocknen, die Schale abreiben. Die Kräuter waschen und trocken schütteln, die Blättchen abzupfen und fein hacken.

4. Chili, Zitrusschale und Kräuter mit dem Öl zu einem Würzöl verrühren und über den Labaneh träufeln.

Dazu aufgebackenes Fladenbrot und Oliven servieren.

Die Variante | Libanon

Eingelegter Labaneh
600 g stichfester Joghurt,
Salz, 2 getr. Chilischoten,
2 Lorbeerblätter,
1 TL Schwarzkümmelsamen,
2 Knoblauchzehen, Olivenöl

Aus Joghurt und 1 TL Salz wie links beschrieben Bällchen aus Labaneh herstellen (Schritt 1 + 2). Chilischoten, Lorbeer und Schwarzkümmel in einer Pfanne bei mittlerer Hitze unter Rühren leicht anrösten, dann im Mörser mittelfein zerstoßen. Den Knoblauch schälen und in dünne Scheiben schneiden. Joghurtkugeln, zerstoßene Gewürze und Knoblauch in ein großes, verschließbares Glas füllen und mit so viel Olivenöl begießen, dass die Kugeln ganz davon bedeckt sind. Mindestens 24 Stunden ziehen lassen. Im Kühlschrank aufbewahrt, sind die Kugeln mindestens 1 Monat haltbar.

TEIGTASCHEN
mit Lammhackfüllung

„BRIOUATS" ODER „BRIUATS" HEISSEN DIE FEIN GEFÜLLTEN TEIGTASCHEN IN IHRER HEIMAT. AUF ARABISCH BEDEUTET DAS „KLEINER BRIEF" – UND TATSÄCHLICH IST EINE GEWISSE ÄHNLICHKEIT ZU ERKENNEN.

Zutaten für 9 Stück

2 EL Pinienkerne

1 Zwiebel

2 Knoblauchzehen

1 TL Öl

je ¼ Bund Minze, Petersilie und Koriander

250 g Lammhackfleisch (türk. Lebensmittelladen oder selber durchdrehen)

1 TL Ras el-Hanout (marok. Gewürzmischung)

½ TL rosenscharfes Paprikapulver

Salz, Pfeffer aus der Mühle

50 g Butter

6 Filo- oder Yufkateigblätter (ca. 30 x 30 cm, ca. 150 g; Kühlregal)

Zeitbedarf
- 40 Minuten
- 20 Minuten backen

So geht's

1. Die Pinienkerne in einer kleinen Pfanne ohne Fett bei mittlerer Hitze unter Rühren goldgelb rösten, in eine Schüssel füllen. Die Zwiebel und den Knoblauch schälen und fein würfeln. Das Öl in der Pfanne erhitzen und beides darin unter Rühren bei mittlerer Hitze etwa 2 Minuten dünsten, zu den Pinienkernen geben.

2. Die Kräuter waschen und trocken schütteln, die Blättchen abzupfen, fein hacken und mit dem Hackfleisch und den Gewürzen ebenfalls in die Schüssel geben, salzen und pfeffern und kräftig durchkneten, bis ein gebundener Teig entstanden ist.

3. Die Butter schmelzen, aber nicht braun werden lassen. Die Teigblätter vorsichtig auseinanderlösen. 1 Teigblatt auf die Arbeitsfläche legen, mit etwas flüssiger Butter einpinseln und mit einem zweiten Blatt bedecken. Die restlichen 4 Teigblätter ebenso vorbereiten. Zusammengelegte Teige mit einem scharfen Messer in je 3 Streifen von etwa 10 x 30 cm teilen.

4. Den Backofen auf 200 °C (Ober- und Unterhitze; Umluft 180 °C) vorheizen. Ein Backblech mit Backpapier belegen.

5. Die Teigstreifen mit Füllung belegen und zu insgesamt 9 Dreiecken zusammenfalten [→a + b + c]. Die Teigtaschen auf das Backblech legen, mit der übrigen Butter einpinseln und im heißen Ofen (Mitte) etwa 20 Minuten backen, bis sie schön gebräunt sind. Heiß servieren.

Dazu schmeckt ein Dip aus Naturjoghurt – pur oder mit Gurkenraspeln oder Kräutern gemischt.

Die Variante | Türkei

Spinat-Feta-Füllung
400 g Blattspinat, Salz,
2 Knoblauchzehen,
150 g Feta (Schafskäse),
1 Bund Minze,
Pfeffer aus der Mühle

Den Spinat waschen und putzen, in Salzwasser blanchieren, in ein Sieb abgießen und abschrecken. Spinatblätter gut ausdrücken, fein hacken und in eine Schüssel füllen. Den Knoblauch schälen und dazupressen. Den Feta fein in die Schüssel krümeln. Die Minze waschen, trocken schütteln. Die Blättchen fein hacken und mit den anderen Zutaten gut mischen. Füllung mit Salz und Pfeffer abschmecken und anstelle der Lammhackfüllung in die Teigblätter wickeln.

[a]

[b]

[c]

DAS IST *wirklich* WICHTIG

[a] TEIGTASCHEN FALTEN SCHRITT 1 Teilen Sie den Teigstreifen gedanklich in 3 Drittel. Im linken Drittel setzen Sie auf die rechte Hälfte 1 gut gehäuften EL Füllung. Dann die obere linke Ecke des Teigs über die Füllung nach unten zur rechten unteren Ecke des linken Drittels klappen, so dass ein Dreieck entsteht.

[b] TEIGTASCHEN FALTEN SCHRITT 2 Klappen Sie das entstandene Dreieck nun nach rechts. Wiederholen Sie diesen Vorgang noch zwei Mal, bis Sie ein Quadrat vor sich haben. Die Füllung wird so in Dreiecksform immer dicker im Teig eingewickelt.

[c] TEIGTASCHEN FALTEN SCHRITT 3 Den rechten (ungefüllten) Teigzipfel des Quadrats mit Butter einpinseln und über das gefüllte Dreieck klappen.

SUPPEN
& EINTÖPFE

AUCH RUND UM DAS MITTELMEER BRODELN SUPPEN UND EINTÖPFE SEIT VIELEN JAHRHUNDERTEN IN DEN TÖPFEN. VIELE DER GERICHTE SIND AUS DER NOT ENTSTANDEN, UM RESTE ZU VERWERTEN ODER WEIL ES NUR EINE FEUERSTELLE GAB. ZUM GLÜCK, DENN SIE SIND AN VIELSEITIGKEIT UND AROMA KAUM ZU ÜBERBIETEN.

BOUILLABAISSE
mit Safran

URSPRÜNGLICH WAR DIESE PROVENZALISCHE SPEZIALITÄT EIN EINFACHES GERICHT DER FISCHER, DIE DEN UNVERKÄUFLICHEN FANG FÜR SICH SELBST IN EINEM GROSSEN TOPF KOCHTEN.

Zutaten für 4 Portionen

1 Döschen Safranfäden (0,1 g)

1 l Fischfond (Glas)

800 g Fischfilets mit Haut von Mittelmeerfischen (z. B. von Rotbarbe, Seeteufel, Petersfisch und Drachenkopf)

1 weiße Zwiebel

2 – 3 Knoblauchzehen

1 Fenchelknolle mit viel Grün

2 festkochende Kartoffeln

2 Tomaten

½ Bio-Orange

½ Bund Petersilie

2 EL Olivenöl

Salz, Pfeffer aus der Mühle

geröstete Weißbrotscheiben

Zeitbedarf
■ 50 Minuten

So geht's

1. Den Safran in ⅛ l Fond anrühren [→a]. Die Fischfilets kalt abbrausen und trocken tupfen. Bei Bedarf kleine Gräten aus dem Fischfleisch zupfen. Fischfilets in mundgerechte Stücke schneiden.

2. Die Zwiebel schälen, vierteln und in feine Streifen schneiden. Den Knoblauch schälen und fein hacken. Den Fenchel waschen und putzen, das knackige Grün abknipsen und beiseitelegen. Den Fenchel achteln, vom Strunk befreien und in Streifen schneiden.

3. Die Kartoffeln schälen und zuerst in Scheiben, dann in Streifen schneiden. Kartoffelstreifen abspülen – dabei wird die Stärke abgespült, die die Suppe leicht trüb machen würde – dann trocken tupfen. Die Tomaten häuten (siehe Seite 83), entkernen und klein würfeln. Orangenhälfte heiß waschen und abtrocknen, die Schale dünn abschneiden und fein hacken. Petersilie waschen, trocken schütteln und die Blättchen fein hacken.

4. Das Öl in einem Suppentopf erhitzen. Zwiebel, Knoblauch, Fenchel und Kartoffeln darin bei mittlerer Hitze 3–4 Minuten andünsten, restlichen Fond angießen und alles zugedeckt bei schwacher Hitze ca. 15 Minuten kochen, bis die Kartoffeln gar sind.

5. Safranfond mit Orangenschale, Tomatenwürfeln, Petersilie und Fenchelgrün zugeben und alles salzen und pfeffern. Die Fischstücke in die Suppe einlegen und bei schwacher Hitze ca. 10 Minuten garziehen lassen. Die Brühe darf dabei keinesfalls kochen, sonst werden die Fischstücke trocken. Die Bouillabaisse abschmecken und mit gerösteten Weißbrotscheiben servieren.

DAZU PASST | ROUILLE

Diese würzige Paste wird klassisch zur Bouillabaisse gereicht und bei Tisch in die Suppe gerührt: 50 g altbackenes Weißbrot, 3 – 4 Safranfäden, 100 ml Fischfond oder Wasser, 4 Knoblauchzehen, 1 frische rote Chilischote, ½ eingelegte, geröstete Paprikaschote (Glas), 100 ml Olivenöl, Salz

Das Brot in kleine Stücke schneiden und mit dem Safran in dem Fond oder Wasser einweichen und stehen lassen. Inzwischen den Knoblauch schälen. Die Chili waschen, putzen und samt Kernen mit Knoblauch und Paprika grob hacken. Das Brot gut ausdrücken und mit den gehackten Zutaten fein pürieren. Nach und nach 100 ml Olivenöl dazufließen lassen und weiter mixen, bis eine sämige Sauce entstanden ist. Mit Salz abschmecken.

DAS IST *wirklich* WICHTIG

[a] SAFRAN ANRÜHREN Zerreiben Sie die Safranfäden leicht zwischen den Fingern und verrühren Sie sie mit ⅛ l Fischfond. Die Mischung mindestens 15 Minuten stehen lassen, bis der Fond intensiv gelb ist.

FRANKREICH
Savoir-vivre

PROVENCE UND CÔTE D'AZUR – HIER LEBT MAN DAS
EINZIGARTIGE „LAISSER-FAIRE". ES RIECHT NACH
LAVENDEL UND SCHMECKT NACH HONIG UND OLIVEN,
NACH ZITRONEN, AUSTERN UND MELONEN. DAS KLINGT
NACH SONNE, MEER UND KÖSTLICHEM ESSEN!

KULINARISCHE BEREICHERUNGEN

Über 500 Kilometer erstreckt sich die Mittelmeerküste Frankreichs von Nizza bis Collioure, im Osten von Italien begrenzt und im Westen von Spanien. Die Einflüsse beider Nachbarländer sind in den Küchen der südfranzösischen Regionen unübersehbar. So teilt man an der Côte d'Azur wie im benachbarten Ligurien nicht nur die Leidenschaft für Pizza und Gnocchi, sondern auch die für einen flachen Fladen aus Kichererbsenmehl namens „socca" und tunkt hier wie dort rohes Gemüse in „bagna caouda". Die würzige Sauce aus Sardellen, Knoblauch und Olivenöl ist ursprünglich eine Spezialität aus dem Piemont. Beide Länder kochen mit viel Gemüse und haben eine Schwäche für mit Fleisch und Mangold gefüllte Teigtaschen, geschmorten Stockfisch mit Tomaten und kleine, aromatische Oliven. Und wer schon einmal französisches „pistou" gekostet hat, wird mit Sicherheit die Ähnlichkeit zum ligurischen Pesto bemerkt haben. Im Westen, in den Regionen die in direkter Nachbarschaft zu Spanien liegen, isst man eher deftig und verwendet bei der Zubereitung verschiedener Gerichte auch gerne ein Stück „chorizo", eine scharfe spanische Wurstspezialität mit Paprika und Knoblauch.

SPEZIALITÄTEN VOM FEINSTEN

In Marseille ist die wahrscheinlich berühmteste Suppe des Mittelmeers entstanden, die „bouillabaisse". Die früher einfache Mahlzeit der Fischer, die darin unverkäufliche Fische und Meerestiere des Tagesfangs wie zu kleine Krabben oder verletzte Fische verarbeiten, ist heute zu einer teuren Delikatesse avanciert. Safran kommt ebenso hinein wie aromatische Orangenschale und eine Auswahl edler Fische wie Seeteufel, Drachenkopf und Knurrhahn, die diese Suppe zu einem Festessen machen. Dazu werden, ob zu Hause oder im Restaurant, „aïoli" oder „rouille" – würzige Knoblauchsaucen – gereicht und nach Belieben in die Suppe im Teller gerührt.

Der klassische „salade niçoise" ist mit der „pissaladière", einem Zwiebel-Sardellen-Kuchen, eines der beliebtesten Gerichte, die sich Franzosen als Kleinigkeit für zwischendurch schmecken lassen. Zu den weiteren Spezialitäten der französischen Mittelmeerküche zählen die Sardellenpaste „anchoiade" und „tapenade", eine Paste aus schwarzen oder grünen Oliven. Beide werden auf dünne Brotscheiben gestrichen und zum Aperitif gereicht. Als Klassiker der provenzalischen Küche hat sich die „ratatouille" einen Namen gemacht. Das saftige aromatische Gemüseragout hat seinen Ursprung in Nizza und ist im Sommer als kleine Vorspeise ebenso passend wie als Beilage zu Lamm oder Geflügel. Das Pendant dazu, die „daubes", sind zahlreiche Eintöpfe mit Fleisch und Gemüse, die langsam und sanft geschmort und mit knusprig frischem Weißbrot serviert werden. Das Nationalgericht des Languedoc ist der „cassoulet", ein deftiges Backofengericht aus weißen Bohnen, Speck, Schweinefleisch, Ente, Lamm und Wurst. Und wer nach all diesen Köstlichkeiten immer noch nicht satt ist, greift zu Baguette und einem der zahlreichen feinen Käse, die im Süden gerne aus Ziegen- oder Schafsmilch hergestellt werden.

AUSTERN – MEERESSCHÄTZE

Wer in Bouzigues, in der Nähe von Sète im Languedoc-Roussillon, aufs Meer schaut, entdeckt zahlreiche an Käfige erinnernde Gestelle. Darin werden an Schnüren Austern gezüchtet. Vor allem die flachen Austern, „huître plate" genannt, sind eine ganz besondere Delikatesse dieser Region. Sie schmecken so fein, dass Sie die Muschel am besten pur direkt aus der Schale genießen sollten. Um eine Auster zu öffnen, ist ein bisschen Übung und ein spezielles Austernmesser nötig: Nehmen Sie die Auster mit der gewölbten Seite nach unten in eine (am besten behandschuhte) Hand – die Schale ist sehr rau – und stechen Sie dann dort, wo beide Schalenhälften zusammengehalten werden, am Scharnier, mit dem Austernmesser zwischen die Schalen. Durchtrennen Sie so das Scharnier und fahren Sie mit dem Messer einmal rundherum zwischen den Schalenhälften entlang. Jetzt sollten Sie die obere Schalen abheben können und müssen als letzte Vorbereitung nur noch das Fleisch mit einem Messer von der unteren Austerhälfte lösen. Nach Belieben mit ein paar Spritzern Zitronensaft beträufeln, die Schale an die Lippen setzen und die Auster samt Saft ausschlürfen.

LINSENEINTOPF
mit Salsicce

LINSEN, WIE SIE DIE ITALIENER LIEBEN – MIT WÜRZIGEN BRATWÜRSTEN UND SONNENGEREIFTEM
GEMÜSE GEMISCHT UND MIT BALSAMICO MILD-SÄUERLICH ABGESCHMECKT.

Zutaten für 4 Portionen

1 rote Zwiebel

2 Knoblauchzehen

je 2 Zweige Salbei, Thymian und Rosmarin

250 g braune oder grüne Linsen

3 EL Olivenöl

1 l milde Gemüse- oder Fleischbrühe

1 rote Paprikaschote

1 Zucchino

200 g Cocktailtomaten, Salz

200 g Salsicce (frische ital. Bratwurst)

50 ml Aceto balsamico

2 TL Honig

Pfeffer aus der Mühle oder Chilipulver

Zeitbedarf
▪ 1 Stunde

So geht's

1. Knoblauch und Zwiebel schälen. Den Knoblauch fein hacken. Die Zwiebel würfeln [→a + b]. Die Kräuter waschen und trocken schütteln, die Blättchen hacken. Linsen verlesen und in einem Sieb kalt abspülen.

2. 2 EL Öl in einem Topf erhitzen. Zwiebel, Knoblauch und Kräuter darin 1–2 Minuten andünsten. Linsen gut unterrühren, mit der Brühe aufgießen und erhitzen. Zugedeckt bei schwacher Hitze in 40–50 Minuten bissfest garen.

3. Inzwischen Paprika, Zucchino und Tomaten waschen und putzen. Paprika und Zucchino in knapp 1 cm große Würfel schneiden und im übrigen Öl bei mittlerer Hitze unter Rühren ca. 5 Minuten braten und salzen. Tomaten halbieren. Gemüse vom Herd nehmen, Tomaten untermischen.

4. Die Wurst in Stückchen aus der Haut drücken und ohne Fett in einer Pfanne bei mittlerer Hitze 3-4 Minuten braten, bis sie nicht mehr rot ist.

5. Den Balsamico mit dem Honig in einem Töpfchen auf die Hälfte einkochen lassen – das dauert nur ein paar Minuten.

6. Gemüse, Wurst und Balsamico-Reduktion zu den Linsen geben und alles bei schwacher Hitze noch ca. 5 Minuten ziehen lassen. Linseneintopf mit Salz und Pfeffer oder Chili abschmecken.

Dazu schmeckt frisches Weißbrot.

KÜCHENGEHEIMNIS | ACHTUNG SÄURE Auch Tomaten enthalten relativ viel Säure, die das Weichwerden von Hülsenfrüchten verhindert. Deshalb die Tomaten erst zugeben, wenn die Linsen fast weich sind.

Die Variante | Spanien

Linseneintopf mit Paprika
je 1 rote, grüne und gelbe Paprikaschote, 1 Zwiebel, 6 Knoblauchzehen, 1 TL gem. Kreuzkümmel, 2 EL Olivenöl, 250 g Linsen, 1 Lorbeerblatt, 1 l milde Gemüsebrühe, 400 g festkochende Kartoffeln, 400 g Chorizo (span. Paprikawurst), 1 Fleischtomate, Salz

Paprika waschen, vierteln, putzen und in Streifen schneiden. Zwiebel und Knoblauch schälen, fein würfeln und mit dem Kreuzkümmel in einem Topf im heißen Öl 1–2 Minuten andünsten. Gewaschene Linsen und das Lorbeerblatt unterrühren, die Brühe angießen und zugedeckt bei schwacher Hitze 30 Minuten garen. Kartoffeln schälen, waschen und würfeln, mit Paprika unter den Eintopf mischen, weitere 10 Minuten garen. Die Wurst häuten und vierteln. Tomate häuten (siehe Seite 83) und würfeln. Beides in den Eintopf geben und noch mal 5 Minuten garen, bis die Linsen weich sind. Salzen und servieren.

[a]

[b]

DAS IST
wirklich
WICHTIG

[a] ZWIEBEL SCHNEIDEN So macht es der Profi: Zwiebel so schälen, dass der Wurzelansatz noch dranbleibt. Die Zwiebel halbieren. Die Hälfte mit der Schnittfläche aufs Brett legen, so dass der Wurzelansatz nach links zeigt. Die Zwiebel längs in Streifen schneiden, aber nicht ganz bis zum Wurzelansatz, damit die Schichten noch zusammenhalten.

[b] ZWIEBEL WÜRFELN Zwiebel dazu mit der Hand gut festhalten und quer ein paar Mal einschneiden, dabei die Fingerkuppen abbiegen. Zwiebel weiterhin gut festhalten und jetzt würfeln.

TOMATENSUPPE
aus der Toskana

Zutaten für 4 Portionen

200 g altbackenes Weiß- oder Mischbrot

1 kg Tomaten

½ Bund Thymian

2 Salbeiblättchen

1 rote Zwiebel

2 Knoblauchzehen

4 EL Olivenöl

½ l Gemüsebrühe

Salz, Pfeffer aus der Mühle

Zeitbedarf
- 40 Minuten

So geht's

1. Das Brot klein würfeln. Die Tomaten häuten (siehe Seite 83) und ebenfalls würfeln. Die Kräuter waschen und trocken schütteln. Die Thymianblättchen von den Stielen streifen, den Salbei in feine Streifen schneiden. Die Zwiebel und den Knoblauch schälen und fein hacken.

2. In einem großen Topf 2 EL Öl erhitzen. Zwiebel und Knoblauch darin mit den Kräutern 1–2 Minuten andünsten. Die Tomaten dazugeben, die Brühe angießen und offen bei mittlerer Hitze etwa 10 Minuten köcheln lassen.

3. Das Brot dazugeben und alles noch 10–15 Minuten köcheln lassen, bis sich das Brot auflöst und die Suppe schön cremig wird. Mit Salz und Pfeffer abschmecken und in Suppenteller füllen. Vor dem Servieren das übrige Öl darüberträufeln.

MANDELSUPPE
mit Safran

Zutaten für 4 Portionen

1 l Gemüse- oder Hühnerbrühe

1 Döschen Safranfäden (0,1 g)

½ Bund Minze

1 kleine rote Paprikaschote

1 kleine getr. Chilischote

4 EL Olivenöl

200 g geschälte, gem. Mandeln

2 Scheiben Toastbrot

Salz, Pfeffer aus der Mühle

besonderes Werkzeug
- Mörser

Zeitbedarf
- 30 Minuten

So geht's

1. Die Brühe in ein Gefäß füllen. Die Safranfäden zwischen den Fingerspitzen zerkrümeln und in der Brühe einweichen lassen, bis sie sich intensiv orange gefärbt hat.

2. Inzwischen die Minze waschen und trocken schütteln, die Blättchen abzupfen und fein hacken. Etwa 2 TL für die Garnitur beiseitestellen. Die Paprika waschen, putzen und sehr fein würfeln. Die Chili in einem Mörser oder mit den Fingern zerkrümeln.

3. In einem Suppentopf 3 EL Olivenöl erwärmen, die Mandeln dazugeben und bei mittlerer Hitze unter Rühren rösten, bis sie goldgelb sind. Paprika, Minze und Chili unterrühren und 1 Minute mitbraten.

4. Die Safranbrühe angießen und zum Kochen bringen. Die Suppe offen bei schwacher bis mittlerer Hitze etwa 10 Minuten köcheln lassen.

5. Währenddessen das Toastbrot entrinden und in kleine Würfel schneiden. Das restliche Öl in einer kleinen Pfanne erhitzen und die Brotwürfel darin bei mittlerer Hitze unter Rühren knusprig braten. Die Mandelsuppe mit Salz und Pfeffer abschmecken und mit den Brotwürfeln und der übrigen Minze bestreut servieren.

LINSENSUPPE
mit Paprikabutter

Zutaten für 4 Portionen

200 g rote Linsen

1 Zwiebel

2 Knoblauchzehen

2 Möhren

60 g Butter

1 ⅛ l Gemüsebrühe

2 Scheiben Toastbrot

3 TL rosenscharfes Paprikapulver

200 g Naturjoghurt

Salz, Pfeffer aus der Mühl

besonderes Werkzeug
▪ Pürierstab

Zeitbedarf
▪ 50 Minuten

So geht's

1. Linsen in einem Sieb kalt abspülen. Zwiebel, Knoblauch und Möhren schälen und sehr fein würfeln. In einem Suppentopf ein Drittel der Butter zerlassen und Zwiebel-, Knoblauch- und Möhrenwürfel darin bei mittlerer Hitze 1–2 Minuten dünsten. Die Linsen unterrühren, bis sie vom Fett überzogen sind. Dann die Brühe angießen und zum Kochen bringen. Die Suppe zugedeckt bei schwacher bis mittlerer Hitze 15–20 Minuten garen, bis die Linsen weich sind.

2. Inzwischen das Toastbrot entrinden und in kleine Würfel schneiden. Die Hälfte der restlichen Butter in einer kleinen Pfanne zerlassen und die Brotwürfel darin bei mittlerer Hitze rundherum knusprig braten. Auf einen Teller geben. Die übrige Butter zerlassen und das Paprikapulver einrühren, vom Herd nehmen.

3. Die Suppe mit einem Pürierstab fein pürieren. Den Joghurt mit dem Schneebesen unterrühren und die Suppe salzen und pfeffern.

4. Die Suppe auf vorgewärmten tiefen Tellern verteilen. Jede Portion mit ein paar Brotwürfeln bestreuen und mit etwas Paprikabutter beträufeln.

ZWIEBELSUPPE
mit Roquefort

Zutaten für 4 Portionen

400 g Zwiebeln

1 großes Bund Frühlingszwiebeln

4 Zweige Thymian

4 EL Olivenöl

2 TL Mehl

¾ l Gemüse- oder Fleischbrühe

¼ l trockener Weißwein oder Rosé

Salz, Pfeffer aus der Mühle

100 g Roquefort

8 Scheiben Baguette

Zeitbedarf
▪ 50 Minuten

So geht's

1. Die Zwiebeln schälen und in feine Ringe schneiden. Die Frühlingszwiebeln putzen, waschen und mit dem saftigen Grün in feine Ringe schneiden. Einen Teil des Grüns beiseitelegen. Den Thymian waschen und trocken schütteln, die Blättchen von den Stielen streifen.

2. Das Öl in einem Suppentopf erhitzen, Zwiebeln, Frühlingszwiebeln und Thymian dazugeben und bei mittlerer Hitze unter Rühren etwa 5 Minuten andünsten. Das Mehl darüberstäuben, gut unterrühren und kurz anschwitzen. Brühe und Wein angießen, aufkochen und offen bei mittlerer Hitze etwa 20 Minuten köcheln lassen, bis die Zwiebeln sehr weich sind.

3. Den Backofen auf 250 °C (Ober- und Unterhitze; Umluft 220 °C) vorheizen. Die Suppe mit Salz und Pfeffer abschmecken, die übrigen Frühlingszwiebelringe untermischen.

4. Den Roquefort in 8 Scheiben schneiden und auf den Baguettescheiben verteilen. Die Suppe in vier feuerfeste Suppentassen schöpfen und je 2 Brotscheiben auf die Oberfläche setzen. Suppentassen in den Ofen (Mitte) stellen und etwa 5 Minuten backen, bis der Käse zerlaufen und leicht braun ist. Vor dem Servieren kurz ruhen lassen.

GARNELEN NUR SO LANGE GAREN, BIS SICH DAS FLEISCH RÖTLICH FÄRBT.

[a]

DAS IST
wirklich
WICHTIG

[a] GARNELEN GAREN Knoblauch und Garnelen nicht zu heiß garen, der Knoblauch darf nicht braun werden, sonst schmeckt er bitter. Die Garnelen sind fertig, wenn sich die graue Haut rötlich färbt.

GAZPACHO
mit Knoblauchgarnelen

SPANISCHE SOMMERKÜCHE MIT AROMATISCHER BEGLEITUNG – NACH BELIEBEN KOMMEN ZARTE GARNELEN HEISS AUF DIE ERFRISCHENDE SUPPE.

Zutaten für 4 Portionen

2 Scheiben Toastbrot

1 milde weiße Zwiebel

1 Salatgurke oder 2 Schmorgurken (ca. 500 g)

500 g Tomaten

1 grüne Paprikaschote

4–8 EL Olivenöl

2 EL Weinessig

Salz, Pfeffer aus der Mühle

¼ Bund Petersilie

250 g rohe Garnelen in der Schale (nach Belieben)

2 Knoblauchzehen (nach Belieben)

besonderes Werkzeug
- Pürierstab

Zeitbedarf
- 30 Minuten
- 1 Stunde kühlen

So geht's

1. Das Toastbrot mit lauwarmem Wasser übergießen und 10 Minuten einweichen.

2. Inzwischen die Zwiebel schälen und grob hacken. Die Gurke(n) schälen und der Länge nach halbieren. An einem Ende mit einem scharfkantigen Teelöffel unter die Kerne fahren und diese nach und nach herausschaben. Ein Viertel Gurke beiseitelegen, den Rest würfeln. Tomaten waschen, putzen und würfeln. Die Paprika waschen und putzen, ein Viertel weglegen, den Rest würfeln.

3. Die Gemüsewürfel mit der Zwiebel, 4 EL Öl, Essig, dem ausgedrückten Brot und etwa ⅛ l kaltem Wasser fein pürieren, bis eine dickflüssige Suppe entstanden ist. Salzen, pfeffern und mindestens 1 Stunde kühl stellen.

4. Das beiseitegelegte Gemüse fein würfeln. Die Petersilie waschen und trocken schütteln, die Blätter abzupfen und fein hacken.

5. Nach Belieben die Garnelen zubereiten. Dafür die Garnelen schälen und den Darm entfernen (siehe Seite 13). Den Knoblauch schälen und in feine Scheiben schneiden. 4 EL Öl in einer Pfanne erhitzen, die Garnelen darin mit dem Knoblauch etwa 1½ Minuten braten [→a]. Salzen und pfeffern.

6. Die kalte Suppe abschmecken und auf Schalen verteilen. Die Gemüsewürfel und die Petersilie aufstreuen, die heißen Garnelen darauf verteilen und die Gazpacho gleich servieren.

Die Variante | Türkei

Eisgekühlte Gurkensuppe
2 Salatgurken (ca. 700 g), 1 milde rote oder weiße Zwiebel, 2 Knoblauchzehen, 400 g Sahnejoghurt (10 % Fett), ¼ l Gemüsebrühe, 2 EL Olivenöl, 1 EL Zitronensaft, Salz, Pfeffer aus der Mühle, 1 Handvoll Walnusskerne, ½ Bund Minze

Die Gurken schälen, entkernen und würfeln. Die Zwiebel und den Knoblauch schälen und grob würfeln. Beides mit Gurkenwürfeln in einer Küchenmaschine fein zerkleinern. Joghurt, Brühe und Olivenöl dazugeben und alles weiter mixen, bis eine cremige, schaumige Suppe entstanden ist. Die Suppe mit Zitronensaft, Salz und Pfeffer abschmecken und mindestens 1 Stunde kühl stellen. Die Nusskerne fein hacken und in einer Pfanne ohne Fett leicht anrösten. Die Minze waschen, Blättchen fein hacken. Suppe abschmecken und mit Nüssen und Minze bestreut servieren.

NIE OHNE BROT

Mehr als eine Beilage

EIN GEDECKTER TISCH IN ITALIEN, SÜDFRANKREICH, SPANIEN, DER TÜRKEI ODER MAROKKO UND KEIN BROT DABEI – EINFACH UNDENKBAR! IN DER MEDITERRANEN KÜCHE GEHÖRT ES EINFACH WIE MESSER UND GABEL ZUM ESSEN DAZU.

EIN GESCHENK

In vielen Ländern war Brot – und ist es immer noch – seit jeher ein Grundnahrungsmittel und galt daher als Geschenk Gottes. Und weil es auch die Ärmsten satt machen konnte, wurde es schnell so wertvoll, dass es einer Sünde gleichkam, es wegzuwerfen. In den meisten Mittelmeerländern hat sich das bis heute nicht geändert: es wird zum Beispiel zu Bröseln zerkleinert oder im Salat, in der Suppe oder in einer Füllung verarbeitet.

DER STOLZ EINER NATION

Baguette, das Brot, das die Franzosen den ganzen Tag lang begleitet, gibt es schon zum Frühstück mit Konfitüre, zwischendurch als Imbiss mit einem feinen Belag oder als Beilage zu Salat, würzigem Ragout oder saftiger Ratatouille. Das Original ist 250 g schwer, um die 80 cm lang und hat einen Durchmesser von etwa 6 cm. Durch die Zugabe von einem sauerteigähnlichen Ansatz wird es innen schön weich und saftig und außen wunderbar knusprig. Frisch liebt es der Franzose! Grund genug für die Bäcker dafür mindestens zweimal pro Tag in der Backstube zu verschwinden. Die kleinere und vor allem dünnere Version wird übrigens aus dem gleichen Teig gemacht und heißt „ficelle".

CIABATTA & CO.

Ob für Bruschetta und Crostini, Tramezzini und Panini, Salat und Suppe, oder einfach schlicht als Beilage – Brot gehört in Italien einfach zum täglichen Leben. Meist wird es ganz pur aus hellem Hefeteig gebacken, manchmal aber auch mit Oliven oder Kräutern aromatisiert. Speziell ist das Brot der Toskana, denn dort wird der Teig ganz ohne Salz zubereitet. Damit ist es eine ideale Unterlage für Crostini mit meist sehr würzigem Belag. Vor allem im Süden findet man verschiedene knusprige Brotspezialitäten wie „taralli", kleine Teigkringel, die wie die norditalienischen Grissini zum Aperitif gegessen werden. Ebenfalls fein und aus Süditalien: „friselle". Diese kleinen zwiebackharten Brotscheiben nahmen die Fischer und Bauern früher mit auf Reisen oder mit aufs Feld. Zum Essen tauchte man sie kurz in (Meer-)Wasser und ließ sie sich mit Tomaten oder allem, was gerade da war, schmecken.

FLADENBROTE

Zum Auftunken feiner Saucen und Pasten, zum Füllen mit allerlei Leckereien oder als Löffelersatz – Brot ist in allen arabischen Ländern das wichtigste Lebensmittel überhaupt. In jedem Ort gibt es einen Bäcker, bei dem das Brot stapelweise liegt und nicht lange auf seine Kundschaft warten muss. Aus den einfachen Zutaten Mehl, Hefe, Salz und Wasser hergestellt, ist es als Grundnahrungsmittel preiswert zu haben. Aber auch heute ist es noch verbreitet und üblich, dass die Familien den Teig zu Hause kneten und dann zum großen heißen Ofen des Bäckers bringen.

Im Orient wird das Brot fast überall zu einem flachen Fladen geformt und gebacken – mal pur, mal mit Sesam oder Schwarzkümmel, mal mit Kräutern oder einer Gewürzmischung bestreut. Besonders hübsch anzusehen sind Teigringe mit Sesam. Eine jüdische Spezialität ist „mazzen", ein flaches, knuspriges und ungesäuertes Brot.

BITTE NICHT WEGWERFEN

Was so wertvoll ist wie Brot, muss natürlich bis zum letzten Krümel verwendet werden. Und so macht man aus altbackenem Brot in Italien wie in Syrien zum Beispiel einen aromatischen Brotsalat. Die Zubereitung ist ganz einfach: Ciabatta, anderes Weißbrot oder Fladenbrot in mundgerechte Stücke schneiden und in Olivenöl knusprig braten. Dann mit gewürfelten Tomaten und Gurken, roten Zwiebelstreifen und gehacktem Knoblauch, ein paar Oliven, Zitronensaft oder Essig und Olivenöl mischen. In Italien kommt noch Basilikum dazu, im Orient eher Minze. Salzen und kurz durchziehen lassen. Fertig!

GEMÜSEEINTOPF
mit Kichererbsen

Zutaten für 4 Portionen

1 Aubergine

500 g Tomaten

1 Zwiebel

2 Knoblauchzehen

je 2 Zweige Thymian, Bohnenkraut und Salbei

4 EL Olivenöl

¼ l Gemüsebrühe

Salz, Chilipulver

200 g Chorizo (span. Paprikawurst)

1 Dose Kichererbsen (ca. 240 g Abtropfgewicht)

½ Bund Petersilie

1 Msp. Honig oder Zucker

Zeitbedarf

▪ 35 Minuten

So geht's

1. Die Aubergine waschen, putzen und in kleine Würfel schneiden. Die Tomaten häuten (siehe Seite 83) und würfeln. Die Zwiebel und den Knoblauch schälen und fein hacken. Die Kräuter waschen und trocken schütteln, von den Stielen zupfen und fein schneiden.

2. Das Öl in einem Schmortopf erhitzen, die Auberginenwürfel darin bei mittlerer Hitze stark anbraten. Zwiebel, Knoblauch und Kräuter kurz mitdünsten. Dann die Brühe und die Tomaten untermischen und das Gemüse mit Salz und Chilipulver nach Geschmack würzen. Zugedeckt bei mittlerer Hitze etwa 15 Minuten schmoren.

3. Inzwischen die Chorizo häuten und in dünne Scheiben schneiden. Die Kichererbsen in einem Sieb gründlich kalt abspülen. Die Petersilie waschen und trocken schütteln. Die Blättchen abzupfen und fein hacken.

4. Die Chorizo und die Kichererbsen unter das Gemüseragout mischen und erwärmen. Den Eintopf mit Honig oder Zucker und eventuell noch etwas Salz und Chilipulver abschmecken und mit der Petersilie bestreut servieren.

MINESTRONE
italienischer Klassiker

Zutaten für 4 Portionen

700–800 g gemischtes Gemüse (z. B. Sellerie, Möhren, grüne Bohnen, Wirsing, Zucchini und Blumenkohl)

1 festkochende Kartoffel

1 Zwiebel

2 Knoblauchzehen

2 Zweige Rosmarin

4 Salbeiblättchen

2 EL Olivenöl

½ TL Fenchelsamen

1¼ l Gemüse- oder Fleischbrühe

2 TL Tomatenmark

Rinde von 1 Stück Parmesan

Salz, Pfeffer aus der Mühle

Zeitbedarf

· 50 Minuten

So geht's

1. Das Gemüse waschen und je nach Sorte putzen und schälen. Alle Gemüsesorten in gleich große Stücke schneiden. Blumenkohl in Röschen teilen. Die Kartoffel schälen, waschen und würfeln.

2. Die Zwiebel und den Knoblauch schälen und würfeln. Die Kräuter waschen und trocken schütteln. Die Rosmarinblättchen abzupfen und mit dem Salbei fein hacken.

3. Öl in einem großen Topf erhitzen und Zwiebel, Knoblauch, Kräuter und Fenchelsamen darin andünsten. Das Gemüse dazugeben und unter Rühren 2–3 Minuten mitdünsten. Die Brühe angießen und zum Kochen bringen. Das Tomatenmark und die Parmesanrinde untermischen und die Suppe mit halb aufgelegtem Deckel bei schwacher bis mittlerer Hitze 20–30 Minuten köcheln lassen, bis das Gemüse gar ist. Parmesanrinde entfernen.

4. Die Suppe mit Salz und Pfeffer abschmecken. Mit gerösteten Weißbrotscheiben und nach Belieben mit Pesto verde (Rezept Seite 60) servieren.

BOHNENEINTOPF
mit Rindfleisch

Zutaten für 4 Portionen

600 g Rindfleisch zum Schmoren (z. B. aus der Keule)

3 Zwiebeln

3 Knoblauchzehen

1 Bio-Zitrone

4 EL Öl

½ l milde Fleisch- oder Gemüsebrühe

1 EL Tomatenmark

1 TL edelsüßes Paprikapulver

1 TL Harissa (scharfe Gewürzpaste)

je 1 großes Bund Petersilie und Minze

½ Bund Koriandergrün

1 Dose rote Bohnen (ca. 240 g Abtropfgewicht)

Salz

Zeitbedarf
- 25 Minuten
- 1½ Stunden schmoren

So geht's

1. Das Fleisch abbrausen, trocken tupfen und von Fett und Sehnen befreien (siehe Seite 15). Das Fleisch in etwa 3–4 cm große Würfel schneiden. Die Zwiebeln schälen, vierteln und quer in Streifen schneiden. Den Knoblauch schälen und in Scheiben schneiden. Die Zitrone heiß waschen und abtrocknen, die Schale fein abreiben, den Saft einer Hälfte auspressen.

2. In einem Topf die Hälfte des Öls erhitzen. Das Fleisch darin in 3 Portionen bei starker Hitze kräftig anbraten, herausnehmen und beiseitestellen. Zwiebeln und Knoblauch im verbliebenen Bratfett bei mittlerer Hitze 1–2 Minuten andünsten. Die Zitronenschale dazugeben und kurz mitdünsten.

3. Die Brühe angießen, aufkochen lassen und dabei mit dem Kochlöffel am Topfboden entlangrühren, damit sich der Bratensatz löst. Tomatenmark, Paprikapulver und Harissa einrühren. Das Fleisch wieder in den Topf geben und zugedeckt bei schwacher Hitze etwa 1½ Stunden schmoren, bis es schön mürbe ist. Dabei ab und zu umrühren und bei Bedarf noch Wasser oder Brühe angießen.

4. Etwa 30 Minuten vor Ende der Garzeit die Kräuter waschen und trocken schütteln, die Blättchen von den Stielen zupfen und grob hacken. Etwa 2 EL davon für die Garnitur beiseitelegen. Die Bohnen in ein Sieb abgießen und gründlich kalt abbrausen.

5. Das restliche Öl in einer kleinen Pfanne oder in einem kleinen Topf bei mittlerer Hitze erwärmen. Die Kräuter darin unter Rühren zusammenfallen lassen, dann mit 1 EL Zitronensaft sowie den Bohnen unter den Eintopf mischen. Den Bohneneintopf nochmals kurz erwärmen, mit Salz abschmecken und mit den frischen Kräutern für die Garnitur bestreuen und servieren.

[a]

DAS IST
wirklich
WICHTIG

[a] SCHAUM ABSCHÖPFEN Vor allem in der ersten halben Stunde bildet sich auf der Brühe immer wieder gräulicher Schaum. Heben Sie diesen mit einem Schaumlöffel ab.

[b] SUPPE LEGIEREN Die Eier-Zitronensaft-Mischung zuerst mit etwas heißer Brühe verquirlen, um sie zu temperieren. Dann unter ständigem Rühren langsam in die Suppe fließen lassen. Dadurch bekommt die Brühe eine feine Bindung. Kochen darf die Suppe jetzt aber nicht mehr, sonst flockt das Eiweiß aus und das Eigelb gerinnt.

[b]

HÜHNERSUPPE
mit Zitrone

DIE WUNDERBAR FRISCHE SUPPE BEKOMMT DURCH DIE EIER EINE FEINE UND CREMIGE BINDUNG. KEIN WUNDER, DASS SIE IN GANZ GRIECHENLAND SO BELIEBT IST.

Zutaten für 4 Portionen

1 Poularde (ca. 1,2 kg)

1 Möhre

1 Stange Staudensellerie

1 dünne Stange Lauch

2 Knoblauchzehen

1 Bund Petersilie

4 Zweige Thymian

2 Lorbeerblätter

1 TL schwarze Pfefferkörner

Salz

100 g Langkornreis

½ Bio-Zitrone

2 Eier (Größe M)

schwarzer Pfeffer aus der Mühle

Zeitbedarf

- 40 Minuten
- 1 Stunde garen

So geht's

1. Die Poularde innen und außen kalt abbrausen, in einen Topf legen und vollständig mit Wasser bedecken. Das Wasser zum Kochen bringen.

2. Inzwischen die Möhre schälen, den Sellerie und den Lauch putzen und waschen. Das Gemüse grob würfeln. Den Knoblauch schälen und halbieren. Petersilie und Thymian waschen und trocken schütteln. Die Hälfte der Petersilie mit dem Gemüse, Thymian, Knoblauch, Lorbeer und Pfefferkörnern zum Huhn geben. Die Flüssigkeit kräftig salzen und die Poularde mit halb aufgelegtem Deckel bei schwacher bis mittlerer Hitze 1 Stunde garen. Die Flüssigkeit sollte dabei nur leise sieden und nicht sprudelnd kochen. Dabei den Schaum abschöpfen [→a].

3. Das Huhn aus der Brühe nehmen und lauwarm abkühlen lassen. Die Brühe durch ein Sieb gießen und auffangen. Gemüse und Gewürze wegwerfen. 1½ l Brühe zurück in den Topf füllen, mit Salz abschmecken und noch mal aufkochen lassen. Den Reis in einem Sieb waschen und in der Brühe in 15–20 Minuten gar kochen. Einen Schöpfer von der übrigen Brühe in eine Schüssel füllen, den Rest z. B. einfrieren (siehe Tipp).

4. Die restliche Petersilie hacken. Die Zitronenhälfte waschen und abtrocknen. Die Schale abreiben und den Saft auspressen. Zitronenschale und 2–3 EL Zitronensaft mit der Brühe in der Schüssel verrühren. Die Eier dazuschlagen, mit einer Gabel verquirlen.

5. Sobald das Hähnchenfleisch so weit abgekühlt ist, dass man es gut anfassen kann, die Haut ablösen und wegwerfen. Das Hähnchenfleisch von den Knochen ablösen und in Stücke zupfen.

6. Das Hähnchenfleisch in die Suppe geben und darin erwärmen. Den Topf vom Herd ziehen und die Eier-Zitronen-Mischung einrühren [→b]. Die Suppe unter Rühren nochmals erwärmen (nicht kochen!), bis sie gebunden ist. Mit Salz, Pfeffer und nach Belieben mit etwas Zitronensaft abschmecken und mit der Petersilie bestreut servieren.

SCHNELLE KÜCHE | HÜHNERBRÜHE AUF VORRAT Übrige Brühe kann in Gefrierbeuteln eingefroren werden. Sie ist immer schnell aufgetaut und eignet sich zur Zubereitung von Risotto oder Suppen. z. B. für die Mandelsuppe von Seite 40.

BOHNENPÜREE
mit frischem Gemüse

„FOUL" IST EINES DER BELIEBTESTEN GERICHTE ÄGYPTENS. DORT WIRD ES SOGAR SCHON ZUM FRÜHSTÜCK ANGEBOTEN ODER ALS IMBISS FÜR UNTERWEGS IN BROTTASCHEN GEFÜLLT.

Zutaten für 4 Portionen

300 g getr. braune Bohnen (z. B. Wachtelbohnen)

1 Zwiebel

4 Knoblauchzehen

1 TL Natron (siehe Tipp)

2 Lorbeerblätter

1 getr. Chilischote

1 Bio-Zitrone

7 EL Olivenöl

Salz

300 g Tomaten

1 kleinere Salatgurke

1 gelbe Paprikaschote

2 rote Zwiebeln

gem. Kreuzkümmel

Salz, Pfeffer aus der Mühle

besonderes Werkzeug
▪ Pürierstab

Zeitbedarf
▪ 20 Minuten
▪ über Nacht quellen
▪ 2 Stunden garen

So geht's

1. Die Bohnen in einer Schüssel mit Wasser bedecken und über Nacht quellen lassen. Am nächsten Tag das Einweichwasser abgießen und die Bohnen in einem Topf mit frischem Wasser bedecken.

2. Die Zwiebel und den Knoblauch schälen. Beides grob hacken und mit Natron, Lorbeer und Chili zu den Bohnen in den Topf geben. Das Wasser zum Kochen bringen und die Bohnen mit halb aufgelegtem Deckel bei schwacher bis mittlerer Hitze etwa 2 Stunden köcheln lassen, bis sie sehr weich sind.

3. Gegarte Bohnen in ein Sieb abgießen, abtropfen lassen und Chili und Lorbeer entfernen. Die Zitrone heiß waschen und abtrocknen. Etwa 1 TL Schale abreiben und den Saft auspressen. Die Bohnen zurück in den Topf geben und fein pürieren. Foul mit Zitronenschale, 1 EL Zitronensaft und 2 EL Olivenöl verrühren und mit Salz abschmecken. Zugedeckt warm halten.

4. Die Tomaten waschen, halbieren und den Stielansatz herausschneiden. Die Gurke schälen, der Länge nach halbieren und die Kerne mit einem Löffel herauskratzen. Die Paprikaschote waschen und putzen. Die Zwiebeln schälen. Tomaten, Gurke, Paprika und Zwiebeln getrennt in kleine Würfel schneiden und in je ein Schälchen füllen. Den restlichen Zitronensaft und das übrige Öl in kleine Kännchen füllen.

5. Zum Servieren etwas Bohnenpüree in ein Schälchen füllen, nach Belieben Gemüse- und Zwiebelwürfeln darüberstreuen und mit Kreuzkümmel, Salz und Pfeffer würzen. Zum Schluss mit etwas Zitronensaft und Olivenöl beträufeln.

Dazu schmeckt Fladenbrot.

KÜCHENGEHEIMNIS | NATRON Sowohl beim Einweichen als auch beim Kochen werden Hülsenfrüchte in kalkarmem Wasser schneller weich. Wer also in einer Region mit sehr kalkhaltigem Wasser lebt, sollte dem Wasser etwas Haushaltsnatron (gibt es im Supermarkt bei den Backzutaten) zufügen. Das Natron macht das Wasser basisch. Kalkhaltiges Wasser hingegen ist eher saurer. Und Säuren verhindern das Weichwerden der Bohnen.

PASTA
REIS & CO.

ALLEIN DURCH DIE VIELEN SORTEN NUDELN, REIS UND HÜLSENFRÜCHTE IST IN DER MEDITERRANEN KÜCHE SCHON FÜR ABWECHSLUNG GESORGT. DAZU KOMMEN BULGUR, COUSCOUS, KARTOFFELN UND DIE VIELEN HERZHAFTEN GEBÄCKE AUS MEHL. JEDES LAND AM MITTELMEER HAT EINEN ETWAS ANDEREN SCHWERPUNKT.

ITALIENISCHE PASTA
selber machen

UNSCHLAGBAR ZART UND MIT FEINEM BISS IST HAUSGEMACHTER PASTATEIG –
OB FÜR SCHMALE ODER BREITE NUDELN, LASAGNE ODER RAVIOLI.

Zutaten für 4 Portionen

300 g Mehl + Mehl zum Arbeiten

3 große Eier (L)

1 EL Olivenöl

Salz

besonderes Werkzeug
- Nudelmaschine mit Handkurbel

Zeitbedarf
- 1 Stunde

So geht's

1. Das Mehl mit Eiern, Öl und 1 TL Salz zu einem Teig verkneten [→a]. Sieht der Teig wie Seide [→b] aus, den Teig zu einer Kugel formen, in ein Küchentuch wickeln und bei Zimmertemperatur etwa 30 Minuten ruhen lassen.

2. Den Teig in 4 Portionen teilen. Jede Portion in der Nudelmaschine dünn ausrollen [→c + d], bis eine glatte, flache Teigplatte entstanden ist. Der restliche Teig bleibt dabei jeweils im Tuch.

3. Die Teigplatten leicht mehlen, aufrollen und zu beliebig dicken Nudeln schneiden oder durch einen Einsatz der Nudelmaschine laufen lassen.

4. Damit die Nudeln beim Kochen nicht kleben, fertige Nudeln zunächst mit den Fingerspitzen lockern und zwischendurch auf die Arbeitsfläche fallen lassen. Nudeln gleich kochen oder auf bemehlten Küchentüchern noch etwas ruhen lassen. Dann zwischendurch wenden.

5. In einem großen Topf reichlich Wasser für die Nudeln zum Kochen bringen und salzen. Die Nudeln darin in 2-3 Minuten bissfest garen, in ein Sieb abgießen und servieren.

Passende Saucen finden Sie auf den Seiten 60/61.

Die Variante | Italien

Pasta ohne Ei
300 g Mehl (siehe unten), Salz, 1 EL Olivenöl

Das Mehl mit 1 TL Salz, Öl und ca. ⅛ l lauwarmem Wasser sehr gründlich zu einem glatten Teig verkneten – er verarbeitet sich etwas schwerer als der Teig mit Ei. Bei Zimmertemperatur 1 Stunde ruhen lassen, dann ausrollen und zu Nudeln oder Nudelplatten formen.

KÜCHENGEHEIMNIS | DAS RICHTIGE MEHL Italienische Pastaproduzenten nehmen Mehl aus Hartweizengrieß. Dieses Mehl ist auch bei uns im italienischen Feinkostladen erhältlich. Der Nudelteig aus Hartweizenmehl wird etwas fester als Teig aus weißem Mehl und lässt sich daher etwas schwerer verarbeiten.

[a]

DAS IST *wirklich* WICHTIG

[a] TEIG KNETEN Dazu brauchen Sie Geduld und Kraft. Verkneten Sie Mehl, Eier, Öl und Salz zunächst in einer Schüssel. Dann den Teig auf die Arbeitsfläche geben und kräftig durcharbeiten: Teig immer wieder mit dem Handballen vom Körper weg flach drücken, einmal zusammenklappen, leicht drehen und wieder drücken. Wird der Teig nicht elastisch, muss noch etwas Wasser dazu. Klebt er an den Fingern, etwas Mehl einarbeiten.

[b] TEIG WIE SEIDE Kneten Sie den Teig so lange, bis er glatt und elastisch ist und aussieht wie eingecremte Haut oder wie Seide. Das dauert etwa 10 Minuten.

[c] TEIG AUSROLLEN Drücken Sie den Teig mit dem Handballen flach. Die Maschine auf die weiteste Walzenöffnung stellen. Dann durchdrehen, bis eine glatte geschmeidige Platte entstanden ist.

[c]

EIN FEINER GLANZ ÜBERZIEHT DEN PERFEKT GEKNETETEN TEIG.

[b]

[d] DER RICHTIGE DREH Die Teigplatte jeweils zu einem Drittel nach innen klappen. Das zusammengeklappte Teigstück mit der offenen Seite nach vorne durch die Walze drehen. So oft wiederholen, bis die Teigplatte glatt wird. Teigplatte dann mit Mehl bestäuben und langsam bei immer enger gestellter Walzenöffnung durchlaufen lassen, bis der Teig so dünn wie gewünscht ist.

[d]

LASAGNE
ganz klassisch

LASAGNE LÄSST SICH VIELSEITIG ABWANDELN: SCHICHTEN SIE STATT RAGÙ BOLOGNESE
ZUM BEISPIEL SPINAT ODER ANDERES GEMÜSE ZWISCHEN DIE NUDELN.

Zutaten für 4–6 Portionen

Für Teig und Ragù

250 g Mehl + Mehl zum Arbeiten

2 Eier (Größe M), 1 Eigelb

2 EL Olivenöl, Salz

je 1 Stange Staudensellerie, Möhre und Zwiebel

2 Knoblauchzehen, 1 EL Butter

400 g gemischtes Hackfleisch

1 Dose geschälte Tomaten (400 g)

300 ml Fleischbrühe

Salz, Pfeffer aus der Mühle

Für die Béchamel

50 g Butter, 40 g Mehl

¾ l Milch, Salz

100 g Parmesan (am Stück)

250 g Mozzarella

besonderes Werkzeug
- Nudelmaschine mit Handkurbel

Zeitbedarf
- 1½ Stunden
- 40 Minuten backen

So geht's

1. Für den Teig aus Mehl, Eiern, Eigelb, 1 EL Öl und 1 TL Salz einen Nudelteig zubereiten (siehe Seite 54/55) und ruhen lassen. Für das Ragù Sellerie waschen und putzen, Möhre schälen und putzen, Zwiebel und Knoblauch schälen. Alles klein würfeln, dann mit einem großen schweren Messer sehr fein hacken. Butter und übriges Öl in einem Topf erhitzen. Gemüse darin andünsten. Fleisch zugeben und bei mittlerer Hitze so lange braten, bis es nicht mehr rot und krümelig ist. Tomaten klein schneiden, mit Tomatensaft und Brühe dazugeben, leicht salzen und pfeffern. Alles bei schwacher Hitze offen ca. 1 Stunde köcheln lassen, bis sich die Zutaten zu einer sämigen Sauce verbunden haben. Ragù abschmecken.

2. Inzwischen den Nudelteig mit einer Nudelmaschine oder auf einer bemehlten Arbeitsfläche zu dünnen Platten ausrollen (siehe Seite 54/55). Teig in ca. 14 x 8 cm große Platten (je nach Formgröße) schneiden und in kochendem Salzwasser ca. 2 Minuten garen. Die Nudelplatten in ein Sieb abgießen, abschrecken, abtropfen lassen und nebeneinanderlegen.

3. Für die Béchamel 40 g Butter im Topf bei schwacher Hitze schmelzen, aber nicht braun werden lassen. Das Mehl mit dem Schneebesen gründlich in die Butter rühren und unter Rühren in ca. 5 Minuten hellgelb und schaumig, auf keinen Fall braun werden lassen. Die kalte Milch unter ständigem Rühren dazugießen lassen. Dabei ständig weiterrühren, damit sich keine Klümpchen bilden. Die Sauce jetzt offen 5–10 Minuten köcheln lassen, dabei ab und zu umrühren, bis sie gebunden und der Mehlgeschmack verschwunden ist. Mit Salz abschmecken. Den Parmesan reiben, ein Drittel davon unter die Sauce rühren. Mozzarella würfeln.

4. Den Backofen auf 180 °C (Ober- und Unterhitze; Umluft 160 °C) vorheizen. Eine große rechteckige Form mit etwas Béchamel ausgießen. Jetzt abwechselnd Nudelplatten, Ragù, Béchamel und Mozzarella in die Form schichten. Mit Nudeln abschließen und diese mit der restlichen Béchamel begießen. Parmesan gleichmäßig aufstreuen. Übrige Butter in kleinen Würfeln auflegen und die Lasagne im Ofen (Mitte) ca. 40 Minuten backen, bis sie schön gebräunt ist.

KÜCHENGEHEIMNIS | DIE LASAGNE vor dem Anschneiden noch 5–10 Minuten stehen lassen. Die Flüssigkeit wird dabei noch mehr aufgesogen und läuft beim Anschneiden weniger aus.

RAVIOLI
mit Ricottafüllung

ZARTER DÜNNER TEIG MIT EINER SAFTIGEN FÜLLUNG – UNVERGLEICHLICHER GENUSS,
DEN ES IN ITALIEN GANZ NACH JAHRESZEIT IN UNGLAUBLICH VIELEN VARIANTEN GIBT.

Zutaten für 4 Portionen

Für den Teig

300 g Mehl + Mehl zum Arbeiten

3 Eier (Größe L)

1 EL Olivenöl, Salz

Für die Füllung

1 großes Bund Basilikum

3 Knoblauchzehen

¼ Bio-Zitrone

300 g weicher Ricotta

1 Ei (Größe M)

80 g frisch geriebener Parmesan

Salz, Pfeffer aus der Mühle

Zum Servieren

100 g Butter

50 g frisch geriebener Parmesan

besonderes Werkzeug
- Nudelmaschine mit Handkurbel

Zeitbedarf
- 1½ Stunden

So geht's

1. Aus Mehl, Eiern, Öl und 1 TL Salz einen Nudelteig zubereiten (siehe Seite 54/55) und ruhen lassen.

2. Inzwischen für die Füllung Basilikum waschen und trocken schütteln. Blättchen abzupfen und fein hacken. Den Knoblauch schälen und durch die Presse drücken. Das Zitronenviertel heiß waschen und abtrocknen, die Schale fein abreiben. Ricotta mit Ei, Käse, Basilikum, Zitronenschale und Knoblauch verrühren und mit Salz und Pfeffer abschmecken.

3. Den Teig mit einer Nudelmaschine zu dünnen Platten ausrollen (siehe Seite 54/55). Den ausgerollten Teig auf eine bemehlte Arbeitsfläche legen. Auf die Hälfte der Teigplatten mit einem Abstand von 4–5 cm jeweils 1 TL Füllung setzen. Die übrigen Teigplatten locker auf die Füllung legen. Die beiden Teigplatten zwischen der Füllung jeweils mit dem Finger zusammendrücken. Ravioli mit dem Messer in Quadrate schneiden oder mit dem Teigrädchen rollen. Damit die Füllung beim Kochen nicht ausläuft, müssen die Ränder gut zusammenhalten. Die Ränder jedes Teigquadrats mit den Zinken einer Gabel zusammendrücken. Damit sie nicht kleben bleiben, Zinken ab und zu in Mehl tunken.

4. Reichlich Salzwasser aufkochen. Die Ravioli darin in ca. 3 Minuten al dente garen.

5. Inzwischen die Butter zerlassen und leicht braun werden lassen. Ravioli in ein Sieb abgießen, abtropfen lassen und auf vorgewärmten Tellern verteilen. Mit Butter beschöpfen und mit Parmesan bestreut servieren.

Die Variante | Türkei

Manti

300 g Mehl, Salz, 1 Eigelb, 1 EL zerlassene Butter, 1 Zwiebel, 2 Knoblauchzehen, 1 Handvoll Minzeblättchen, 250 g Lammhackfleisch, rosenscharfes Paprikapulver, 2 EL Butter

Aus dem Mehl, 1 TL Salz, Eigelb, Butter und ca. 75 ml lauwarmem Wasser einen Nudelteig herstellen (siehe Seite 54/55) und ruhen lassen. Zwiebel, Knoblauch und Minzeblättchen sehr fein hacken, mit Hackfleisch zu einer Füllung mischen und mit Salz und Paprika abschmecken. Teig dünn ausrollen und in 4 x 4 cm große Quadrate schneiden. In die Mitte ca. 1 TL Füllung setzen, Teigecken sternförmig nach innen klappen und die Ränder zusammendrücken. Manti in kochendem Salzwasser 3–4 Minuten kochen, abgießen und abtropfen lassen. 2 EL Butter zerlassen, mit 1 TL Paprikapulver würzen und über die Manti träufeln.

DAS IST *wirklich* WICHTIG

[a] HEISS PRESSEN Die gekochten Kartoffeln nur leicht abkühlen lassen, dann heiß schälen und durch die Kartoffelpresse locker verteilt auf ein Küchenbrett drücken.

[b] DER PERFEKTE TEIG Kneten Sie Mehl, Ei und Salz mit den Kartoffeln zu einem formbaren Teig. Er sollte weich sein, darf aber nicht an den Fingern kleben.

[c] RILLEN FORMEN Wer's klassisch mag, taucht die Zinken einer Gabel in Mehl und drückt den Gnocchi damit nach und nach auf beiden Seiten Rillen ein.

GNOCCHI
mit Tomatensugo

ÜBERALL IN ITALIEN WERDEN DIE SAMTIG ZARTEN KARTOFFEL-GNOCCHI SERVIERT – MAL WIE HIER MIT FRUCHTI-GER TOMATENSAUCE, MAL MIT KÄSESAUCE ODER AUCH MIT EINEM RAGOUT AUS FLEISCH ODER GEMÜSE.

Zutaten für 4 Portionen

Für die Gnocchi

800 g vorwiegend festkochende Kartoffeln

275 g Mehl aus Hartweizengrieß (ital. Feinkostladen, ersatzweise Mehl und Grieß zu gleichen Teilen gemischt)

1 Ei (Größe S), Salz

Mehl zum Arbeiten

Für den Sugo

800 g sehr reife Tomaten

2 Knoblauchzehen

6 Zweige Thymian

2 EL Olivenöl

Zeitbedarf
- 1¼ Stunden
- 1 Stunde trocknen
- 40 Minuten backen

So geht's

1. Die Kartoffeln in der Schale in 20–30 Minuten weich kochen. Abgießen, heiß schälen und durch die Presse drücken **[→a]**. Kartoffelmasse lauwarm abkühlen lassen.

2. Dann Mehl, Ei und 1 gehäuften TL Salz zu den Kartoffeln geben und alles zu einem geschmeidigen Teig verkneten **[→b]**. Teig auf der bemehlten Arbeitsfläche zu fingerdicken Rollen formen. Von diesen knapp 2 cm lange Stücke abschneiden und nach Belieben mit Rillen versehen **[→c]**.

3. Ein Küchentuch mit Mehl bestreuen, die Gnocchi darauf wenden und mindestens 1 Stunde trocknen lassen.

4. Für den Sugo aus den Tomaten den Stielansatz herausschneiden. Die Tomaten mit kochendem Wasser überbrühen, kurz ziehen lassen, kalt abschrecken und häuten (siehe Seite 83). Die Tomaten würfeln. Den Knoblauch schälen und fein hacken. Den Thymian waschen und trocken schütteln. Die Blättchen von den Zweigen streifen.

5. Das Öl in einem Topf nicht zu stark erhitzen. Knoblauch und Thymian darin andünsten, aber nicht braun werden lassen. Die Tomaten dazugeben und erhitzen. Leicht salzen und offen bei mittlerer Hitze etwa 30 Minuten köcheln lassen, bis der Sugo leicht dicklich wird. Mit Salz und Pfeffer abschmecken.

6. Für die Gnocchi reichlich Wasser mit Salz zum Kochen bringen. Gnocchi einlegen und bei schwacher bis mittlerer Hitze ca. 5 Minuten leise sieden lassen, bis sie an die Oberfläche steigen.

7. Gnocchi mit dem Schaumlöffel aus dem Wasser heben, abtropfen lassen und auf vorgewärmten Tellern verteilen. Sugo darüberschöpfen und servieren.

Die Variante | Italien

Kürbisgnocchi
1 kg Muskatkürbis, 175 g Mehl, 2 Eigelb, 1 EL Speisestärke, Salz, Pfeffer

Den Kürbis putzen, schälen und in Spalten schneiden. Auf einem mit Backpapier belegten Blech im vorgeheizten Ofen bei 180 °C (Ober- und Unterhitze; Umluft 160 °C) in 30–40 Minuten weich backen. Etwas abkühlen lassen, dann fein pürieren. Mehl, Eigelbe und Speisestärke unterrühren und den Teig mit Salz und Pfeffer abschmecken. In einem großen Topf reichlich Salzwasser zum Kochen bringen. Vom Teig mit zwei Teelöffeln Nocken abstechen und ins Wasser gleiten lassen. Gnocchi im leise kochenden Wasser etwa 10 Minuten ziehen lassen, bis sie an die Oberfläche steigen. Herausheben und auf Tellern verteilen. Dazu schmeckt Salbeibutter und frisch geriebener Parmesan am besten.

PESTO VERDE
aus Ligurien

Zutaten für 4 Portionen

2 große Bund Basilikum (die abgezupften Blätter sollten ca. 70 g wiegen)

60 g Pinienkerne

1 Knoblauchzehe (nach Belieben)

80 ml Olivenöl

25 g frisch geriebener Parmesan oder Pecorino

Salz, Pfeffer aus der Mühle

besonderes Werkzeug
- Küchenmaschine oder Pürierstab

Zeitbedarf
- 15 Minuten

So geht's

1. Basilikum waschen und trocken schütteln. Die Blättchen grob hacken. Die Pinienkerne rösten – so werden sie noch aromatischer. Dazu eine Pfanne ohne Fett erhitzen und die Pinienkerne darin bei mittlerer Hitze unter Rühren goldgelb anrösten. Nicht zu dunkel werden lassen. Den Knoblauch, falls verwendet, schälen und ebenfalls zerkleinern.

2. Basilikum und eventuell Knoblauch mit den gerösteten Pinienkernen und dem Öl in einer Küchenmaschine oder mit einem Pürierstab zerkleinern. Den Käse unterrühren und das Pesto mit Salz und Pfeffer abschmecken. Pesto sofort servieren, z. B. zu Nudeln oder auf geröstetem Weißbrot. Es lässt sich aber auch bis zu 2 Monaten in einem Glas auf Vorrat aufbewahren, dafür die Oberfläche immer mit einer Ölschicht bedecken.

Dazu passen am besten Linguine oder Spaghetti.

KÄSESAUCE
mit Kräutern

Zutaten für 4 Portionen

100 g Pecorino (am Stück)

50 g Gorgonzola

50 g Taleggio oder Fontina (ersatzweise 50 g Gorgonzola)

je 2 Zweige Thymian, Salbei und Oregano

2 Knoblauchzehen

2 Frühlingszwiebeln

1 EL Olivenöl

1 Stück getr. Chilischote (nach Belieben)

¼ l Gemüse- oder Fleischbrühe

Salz

Zeitbedarf
- 20 Minuten

So geht's

1. Den Pecorino entrinden und fein reiben. Von dem Gorgonzola und dem Taleggio oder Fontina nach Bedarf ebenfalls die Rinde entfernen. Die Käse klein würfeln. Die Kräuter waschen und trocken schütteln, die Blättchen abzupfen und fein hacken.

2. Den Knoblauch schälen und in dünne Scheiben schneiden. Von den Frühlingszwiebeln die Wurzelenden und die welken grünen Teile abschneiden. Die Zwiebeln waschen und mit dem saftigen Grün in Ringe schneiden.

3. Das Öl in einem Topf bei mittlerer Hitze erwärmen. Frühlingszwiebelringe, Knoblauch und Kräuter dazugeben, nach Belieben Chili darüberkrümeln und alles 1 – 2 Minuten andünsten. Die Brühe angießen, den Käse unterrühren und bei schwacher Hitze unter Rühren erwärmen, bis er schmilzt und eine cremige Sauce entstanden ist. Dabei nicht zu stark erhitzen, sonst klumpt der Käse.

Dazu passen am besten kurze Nudeln wie Penne oder Rigatoni und Gnocchi.

KÜCHENGEHEIMNIS | MIT NUDELN GENIESSEN Damit das Pesto geschmeidig wird, rühren Sie es in der Schüssel mit 1 – 2 EL heißem Nudelkochwasser cremig und mischen es dann erst mit den gekochten Nudeln.

RAGOUT
aus Auberginen

Zutaten für 4 Portionen

500 g Tomaten

1 große Aubergine (ca. 350 g)

2 Knoblauchzehen

5 EL Olivenöl

Salz, Pfeffer aus der Mühle

1 Prise Zucker

150 g Ricotta salata (fester Ricotta; ersatzweise milder Feta)

1 EL Basilikumblättchen

Zeitbedarf
- 45 Minuten

So geht's

1. Mit einem kleinen Messer aus den Tomaten den Stielansatz keilförmig herausschneiden. Die Tomaten in einer Schüssel mit kochendem Wasser überbrühen, kurz ziehen lassen, bis die Haut anfängt sich zu lösen, dann abgießen, abschrecken und häuten (siehe Seite 83). Die Tomaten in kleine Würfel schneiden. Die Aubergine waschen, putzen und etwa 0,5 cm groß würfeln. Den Knoblauch schälen und fein hacken.

2. Das Öl in einem Topf erhitzen. Die Auberginenwürfel darin bei mittlerer Hitze unter Rühren 5–10 Minuten braten, bis sie rundum schön braun sind. Tomaten und Knoblauch dazugeben und bei schwacher Hitze offen weitere 10 Minuten garen, bis die Sauce sämig eingekocht ist. Bei Bedarf etwas Brühe oder Wasser angießen.

3. Die Sauce mit Salz, Pfeffer und Zucker abschmecken. Den Ricotta in kleine Stücke brechen oder in Späne hobeln. Das Auberginenragout mit frisch gekochten Nudeln mischen, auf vorgewärmten Tellern verteilen und mit Ricotta und Basilikumblättchen bestreut servieren.

Dazu passen am besten Tagliatelle oder Penne, aber auch Gnocchi.

HACKSAUCE
mit Knoblauch-Joghurt

Zutaten für 4 Portionen

2 Frühlingszwiebeln

1 großes Bund Petersilie

½ Bund Minze

2 EL Olivenöl

400 g Rinder- oder Lammhackfleisch

1 getr. Chilischote

je 1 TL edelsüßes Paprikapulver und gem. Koriander

100 ml Fleisch- oder Gemüsebrühe

Salz

300 g Naturjoghurt

4 Knoblauchzehen

Zeitbedarf
- 30 Minuten

So geht's

1. Von den Frühlingszwiebeln die Wurzelenden und die welken grünen Teile abschneiden. Die Zwiebeln waschen und mit dem saftigen Grün in feine Ringe schneiden. Die Kräuter waschen und trocken schütteln, die Blättchen abzupfen und fein hacken. 1 EL davon beiseitestellen.

2. Das Öl in einem Topf erhitzen, das Hackfleisch dazugeben und unter Rühren bei mittlerer Hitze braten, bis es nicht mehr rot ist und krümelig wird. Zwiebelringe und Kräuter untermischen, Chili dazukrümeln, kurz weiterbraten. Gewürze einstreuen und gut unterrühren. Brühe angießen, die Sauce salzen und offen bei mittlerer Hitze etwa 5 Minuten köcheln lassen.

3. Inzwischen den Joghurt in einer Schüssel glatt rühren. Den Knoblauch schälen, durch die Presse zum Joghurt drücken und mit den beiseitegestellten Kräutern unter den Joghurt mengen. Die Hacksauce mit frisch gekochten Nudeln mischen und den Joghurt bei Tisch darüberlöffeln.

Dazu passen am besten Spaghetti.

BELLA ITALIA

Reine Gaumenfreuden

DIE PHANTASIEVOLLSTEN UND UNTERSCHIEDLICHSTEN
NUDELFORMEN, IMMER WIEDER ANDERE BELÄGE AUF
DEN KNUSPRIGEN PIZZABÖDEN UND MIT DIE BESTEN
SCHINKEN, DIE WIR KENNEN – IN ITALIEN VERSTEHEN
ES DIE MENSCHEN, AUS EINFACHEN ZUTATEN DIE KÖST-
LICHSTEN GERICHTE ZU ZAUBERN.

NUR DAS BESTE

Eine saftige Tomate, ein Schuss würziges Olivenöl und ein paar Krümel Salz, vielleicht noch einige Basilikumblättchen dazu. Eine Scheibe knusprig geröstetes Brot, bestrichen mit frischem Knoblauch und gekrönt mit einem Strahl goldenem Olivenöl. Pasta mit Knoblauch und Peperoncino oder mit Kräutern und Käse. So schmeckt Italien! Aus einfachen Grundzutaten wie sonnengereiftem Gemüse, aromatischen Kräutern, bestem Olivenöl und Pasta aus Hartweizenmehl, die sich harmonisch miteinander verbinden, werden schnörkellose, aber unglaublich köstliche Gerichte gezaubert. Und genau darin liegt das Geheimnis der italienischen Küche: Die Aromen bester natürlicher Zutaten werden niemals mit anderen Aromen oder Gewürzen übertüncht, sondern so zubereitet, dass sie ihr ganzes Potenzial entfalten können. Schlichtheit in Perfektion ist die Devise!

GENIESSEN ALLA ITALIANA

„Antipasto, primo, secondo" und zum Abschluss natürlich noch ein „dolce" – die Menüabfolge, die früher ganz selbstverständlich zum italienischen Alltag am Küchentisch gehörte, ist heute auch dort nur noch den besonderen Tagen vorbehalten. Aber dann wird das Zusammensein am Tisch genussvoll zelebriert. Eine knusprige Bruschetta mit aromatischen Tomaten oder ein paar gefüllte und frittierte Oliven werden zum Aperitif gereicht.

Danach folgen meist verschiedene kleine Vorspeisen, die „antipasti", aus zum Beispiel marinierten Fischen, einem „carpaccio" aus Fleisch oder Fisch, einem Salat oder einer würzigen Gemüsetorte. Hauptgänge werden in der Regel immer zwei serviert: ein sämiger Risotto, fein gefüllte Ravioli oder hausgemachte Pasta mit einem würzigen Sugo aus Wildschwein- oder Hasenfleisch als „primo". Anschließend der „secondo", der einen frischen Fisch vom Grill oder aus dem Ofen, einen saftiger Braten oder ein würziges Ragout beinhalten kann. Und zum Dessert gibt es feine „dolci" wie eine fruchtige „granita", eine „panna cotta" oder eine knusprige „crostata". So kann es aussehen, ein festliches Menü in Italien. Natürlich begleitet von köstlichem Wein und abgerundet mit einem Espresso und vielleicht einem kleinen Grappa.

SAISONAL UND REGIONAL

Natürlich isst man Pizza schon längst nicht mehr nur in Neapel und das Dessert Tiramisu hat die Grenzen des Veneto schon lange überschritten. Und doch pflegt man in Italien die Spezialitäten der Region und schätzt die Produkte dann, wenn sie Saison haben. Es ist das Land, in dem im Frühjahr noch Menschen mit gesenktem Blick durch die Felder streifen, auf der Suche nach aromatischen wilden Kräutern für den Salat oder nach dem ersten wilden Spargel, der so fantastisch schmeckt und den es nur zu dieser Jahreszeit gibt. Dort bereitet man den „cavolo nero" noch immer fast nur in seiner Heimat, der Toskana, zu. Und zwar

im Winter, wenn der Frost den Schwarzkohl noch aromatischer gemacht hat und die Suppe, die daraus gekocht wird, am besten schmeckt, weil sie so schön wärmt. Jedes Kind weiß, dass Pesto in Ligurien erfunden wurde, weil es dort das aromatischste Basilikum des ganzen Landes gibt. Und viele Italiener freuen sich in der kalten Jahreszeit auf die ersten saftigen Orangen aus dem Süden des Landes, aus denen in Sizilien ein würziger Salat mit Zwiebeln oder Fenchel zubereitet wird.

WEIN – VIELFALT IM ÜBERFLUSS

Etwa ein Viertel aller Weinreben wächst in Italien. Demnach gibt es dort kaum einen Fleck, an dem kein Wein gedeiht. Ging es früher in einigen Regionen Italiens im Weinbau hauptsächlich um die Produktion großer Mengen des vergorenen Safts, stehen heute die Qualität und das typische Wesen eines Weins aus einer bestimmten Region im Fokus. Immer mehr autochthone – einheimische – Reben erleben eine Renaissance. Und so wird der Weinliebhaber von Südtirol bis Sizilien immer wieder Neues entdecken, bei den Weißen wie bei den Roten, beim Schaumwein ebenso wie bei den Süßweinen.

[a]

DAS IST
wirklich
WICHTIG

[a] TEIG KNETEN Das Mehl mit Salz, angerührter Hefe und Öl verkneten, bis sich der Teig vom Schüsselrand löst. Dann auf der leicht bemehlten Arbeitsfläche weiterarbeiten: Teig jetzt immer wieder ein Stück zusammenklappen und mit dem Handballen flach drücken, das Teigstück dabei ab und zu etwas drehen. So lange kneten, bis Sie hören, wie im Teig kleine Luftbläschen aufplatzen oder sich der Teig weicher und größer anfühlt.

[b] TEIG FORMEN 1 Teigkugel auf wenig Mehl rund ausrollen, Teigstück dabei immer etwas drehen. Dann über den Handballen ziehen, so dass die Mitte des Teiges dünner wird. Teig aufs Blech legen und in der Teigmitte noch etwas dünner ziehen. Den Rand dicker lassen.

[b]

PIZZA
Margherita

ZU EHREN DER KÖNIGIN MARGHERITA HAT RAFFAELE ESPOSITO DIESE PIZZA
IN NEAPEL ERFUNDEN. FERTIG GEBACKEN GLÄNZT SIE IN DEN ITALIENISCHEN
NATIONALFARBEN ROT, WEISS UND GRÜN.

Zutaten für 2 Pizzen oder 1 Blech

Für den Teig

¼ Würfel Hefe (ca. 12 g)

400 g Mehl + Mehl zum Arbeiten

Salz

1 EL Olivenöl

Für den Belag

250 g Mozzarella

4 EL Olivenöl

Salz, Pfeffer aus der Mühle

500 g Tomaten (ersatzweise
1 große Dose geschälte Tomaten)

1 TL getr. Oregano

1 Bund Basilikum (nach Belieben)

Zeitbedarf

- 45 Minuten
- 1 Stunde ruhen
- 2 x 13 – 15 Minuten backen

So geht's

1. Für den Teig die Hefe mit 175 ml lauwarmem Wasser anrühren. Hefe mit Mehl, 1 TL Salz und Öl zu einem glatten Teig verkneten [→a] und zu einer Kugel formen. Kugel auf eine Hälfte eines Küchentuchs legen, mit der anderen Hälfte zudecken und den Teig ca. 1 Stunde gehen lassen, bis er sein Volumen verdoppelt hat.

2. Inzwischen für den Belag den Mozzarella erst in Scheiben, dann in Streifen schneiden und mit 1 EL Olivenöl, Salz und Pfeffer mischen. Die Tomaten häuten (siehe Seite 83; Dosentomaten abtropfen lassen, den Saft wegschütten). Die Tomaten klein würfeln und mit 1 EL Öl und dem gerebelten Oregano ca. 10 Minuten bei mittlerer Hitze einkochen lassen. Mit Salz und Pfeffer würzen.

3. Den Backofen auf 250 °C (Ober- und Unterhitze; Umluft 230 °C) vorheizen. Den Teig halbieren. Eine Hälfte wieder ins Tuch legen, die andere zu einer Kugel formen und auf wenig Mehl rund ausrollen. Dann zu einem Fladen mit etwas dickerem Rand formen [→b] und auf ein mit Backpapier belegtes Backblech legen. Mit der Hälfte der Tomatensauce bestreichen und im Ofen (Mitte) ca. 10 Minuten backen. Inzwischen nach Belieben Basilikum waschen und trocken schütteln. Blättchen abzupfen.

4. Nach 10 Minuten Backzeit Pizza aus dem Ofen nehmen und mit der Hälfte des Käses belegen. 1 EL Olivenöl darüberträufeln. Die Pizza im Ofen weitere 3 – 5 Minuten backen, bis sie schön knusprig ist.

5. Inzwischen das zweite Teigstück formen, mit der restlichen Tomatensauce bestreichen und gleich nach der ersten Pizza wie beschrieben im Ofen backen. Jede Pizza ganz frisch und nach Belieben mit Basilikumblättchen garniert servieren. Zum Zerteilen nehmen Sie am besten einen Pizzaschneider.

Die Variante | Italien

Pizza Capricciosa

¼ Würfel Hefe (ca. 12 g),
400 g Mehl + Mehl zum Arbeiten, Salz, 5 EL Olivenöl,
500 g Tomaten, 1 TL getr. Oregano, Pfeffer aus der Mühle,
150 g gekochter Schinken,
8 in Öl eingelegte Sardellenfilets, 100 g schwarze Oliven,
150 g in Öl eingelegte Artischockenherzen,
250 g Mozzarella

Den Teig und die Tomatensauce wie links beschrieben (Schritt 1+2) zubereiten. Den Teig ausrollen und mit der Tomatensauce bestreichen. Den Schinken in Streifen schneiden und mit abgetropften Sardellenfilets, Oliven und Artischocken auf der Tomatensauce verteilen. Mozzarella in Scheiben schneiden und darauflegen, mit dem restlichen Olivenöl (3 EL) beträufeln. Im vorgeheizten Backofen bei 250 °C (Ober- und Unterhitze; Umluft 230 °C) 13–15 Minuten backen.

TÜRKISCHE PIZZA
mit Feta

ZWIEBELKUCHEN
aus der Provence

Zutaten für 3 – 4 Portionen

Für den Teig

¼ Würfel Hefe (ca. 12 g)

300 g Mehl + Mehl zum Arbeiten

Salz

1 EL Olivenöl

Für den Belag

4 grüne Chilischoten

300 g Feta (Schafskäse)

100 g Naturjoghurt

1 Ei (Größe M), Salz

2 EL schwarze Sesamsamen

2 EL Olivenöl

besonderes Werkzeug
- Pürierstab

Zeitbedarf
- 30 Minuten
- 1 Stunde ruhen
- 2 x 12 – 14 Minuten backen

So geht's

1. Aus Hefe, etwa 150 ml lauwarmem Wasser, Mehl, 1 TL Salz und Olivenöl wie auf Seite 64/65 beschrieben (Schritt 1) einen Pizzateig zubereiten.

2. Für den Belag die Chilis waschen, putzen und längs aufschneiden. Wer weniger scharf essen will, entfernt die Kerne mit den Trennhäutchen. Den Schafskäse in Würfel schneiden und mit dem Joghurt und dem Ei mit einem Pürierstab zu einer Creme zerkleinern, mit Salz abschmecken.

3. Den Backofen auf 250 °C (Ober- und Unterhitze; Umluft 230 °C) vorheizen. Ein Backblech mit Backpapier belegen. Den Teig vierteln und jeweils zu einem dünnen ovalen Fladen mit dickeren Rändern formen. Zwei Fladen auf das Backblech legen und mit der Hälfte der Käsecreme bestreichen. 2 Chilis darauflegen und mit der Hälfte der Sesamsamen bestreuen. Mit 1 EL Öl beträufeln und im Ofen (Mitte) 12 – 14 Minuten backen, bis der Belag leicht gebräunt ist. Die fertigen Fladen aus dem Ofen nehmen und servieren. Die übrigen Fladen genauso zubereiten.

Zutaten für 4 Portionen

Für den Teig

½ Würfel frische Hefe (ca. 20 g)

350 g Mehl + Mehl zum Arbeiten

Salz

1 EL Olivenöl

Für den Belag

1,2 kg Zwiebeln

½ Bund Thymian

6 EL Olivenöl

Salz, Pfeffer aus der Mühle

4 Knoblauchzehen

16 in Öl eingelegte Sardellenfilets

100 g kleine schwarze Oliven

Zeitbedarf
- 50 Minuten
- 1 Stunde ruhen
- 20 Minuten backen

So geht's

1. Aus Hefe, etwa 170 ml lauwarmem Wasser, Mehl, 1 TL Salz und Öl wie auf Seite 64/65 beschrieben (Schritt 1) einen Hefeteig zubereiten.

2. Während der Teig ruht die Zwiebeln schälen, vierteln und quer in nicht zu dünne Streifen schneiden. Den Thymian waschen, trocken schütteln und die Blättchen von den Zweigen streifen. Das Öl in einer weiten Pfanne erhitzen, Zwiebeln und Thymian darin offen und bei schwacher Hitze in etwa 15 Minuten andünsten, aber nicht bräunen, dabei häufig durchrühren. Die Zwiebeln salzen und pfeffern.

3. Den Backofen auf 220 °C (Ober- und Unterhitze; Umluft 200 °C) vorheizen. Den Hefeteig auf einer bemehlten Arbeitsfläche noch einmal durchkneten und direkt auf einem mit Backpapier belegten Blech oval und etwa 1 cm dick ausrollen, dabei die Ränder etwas dicker formen.

4. Den Knoblauch schälen und in dünne Scheiben schneiden. Sardellen und Oliven abtropfen lassen. Knoblauch unter die Zwiebeln mischen und auf dem Teig verteilen. Zwiebelkuchen mit Sardellen und Oliven belegen und im heißen Ofen (Mitte) etwa 20 Minuten backen, bis er knusprig ist.

SO SCHMECKT'S AUCH | IN DER TÜRKEI werden die Pfefferschoten manchmal auch ganz auf die Pizza gelegt. Sie können Sie wie im Rezept der Länge nach halbieren, aber auch in feine Ringe schneiden und mit der Käsecreme mischen.

PASTELA
mit Fleisch und Paprika

Zutaten für 4 Portionen

½ Döschen Safranfäden (0,05 g)

300 g Schweinefilet oder -lende

2 Zwiebeln

2 Knoblauchzehen

je 2 rote und gelbe Paprika-
schoten

150 g Serranoschinken

2 EL Olivenöl

Salz, Pfeffer aus der Mühle

1 EL Tomatenmark

2 TL rosenscharfes Paprikapulver

2 Rollen Blätterteig (je ca. 270 g;
Kühlregal)

1 Eigelb

1 EL Milch

Zeitbedarf
▪ 40 Minuten
▪ 30 Minuten backen

So geht's

1. Die Safranfäden zwischen den Fingern leicht zerreiben und mit 1 EL Wasser verrühren, einweichen lassen. Inzwischen für die Füllung das Fleisch kalt abbrausen, trocken tupfen und zuerst in dünne Scheiben, dann in feine Streifen schneiden. Die Zwiebeln schälen, vierteln und quer in feine Streifen schneiden. Den Knoblauch schälen und in dünne Scheiben schneiden. Die Paprikaschoten waschen, vierteln und die Stiele sowie die Trennhäute samt den Kernen entfernen. Die Viertel in dünne Streifen schneiden. Den Schinken vom Fettrand befreien und ebenfalls in Streifen schneiden.

2. Das Öl in einer Pfanne erhitzen, das Fleisch darin bei starker Hitze kurz und kräftig anbraten, salzen, pfeffern und wieder aus der Pfanne nehmen. Zwiebeln, Knoblauch und Paprika in die Pfanne zum restlichen Bratfett geben und unter Rühren bei mittlerer Hitze etwa 5 Minuten andünsten. Tomatenmark, Safranwasser, Schinken und Fleisch dazugeben und untermischen, mit Salz, Pfeffer und Paprika würzen.

3. Den Backofen auf 200 °C (Ober- und Unterhitze; Umluft 180 °C) vorheizen. Eine eckige oder ovale feuerfeste Form (ca. 20 x 30 cm) kalt ausspülen und nicht abtrocknen. Blätterteig aufrollen und die Form mit 1 Platte auslegen. Teigränder überstehen lassen. Die Füllung auf dem Teig verteilen. Die zweite Platte auf die Füllung legen. Die Teigränder gut zusammendrücken. Den Teigdeckel mit einer Gabel mehrfach einstechen. Die Pastela im Ofen (Mitte) etwa 15 Minuten backen.

4. Das Eigelb mit der Milch verrühren und die Oberfläche der Pastela damit bestreichen, dann weitere 15 Minuten backen, bis sie schön gebräunt ist. Vor dem Servieren den Blätterteigkuchen kurz ruhen lassen, dann in Stücke schneiden und servieren.

Dazu schmeckt Blatt- oder Tomatensalat.

KÄSEVIELFALT
in Form und Aroma

KÄSE AUS KUH-, ZIEGEN- ODER SCHAFSMILCH MACHT
DIE MITTELMEERKÜCHE BESONDERS REICH. ER IST
FESTER BESTANDTEIL AUF ALLEN VORSPEISEPLATTEN,
IN DEN TAPAS-BARS, ABER AUCH BEI DER ZUBEREITUNG
VERSCHIEDENER SPEISEN AUS DEM OFEN.

RUND UND MILD

Mozzarella ist so genannter Brühkäse. Für die Herstellung wird Milch zuerst erwärmt und mit einem Gerinnungsmittel zum Stocken gebracht. Als Nächstes wird Wasser hinzugegeben und die Masse noch einmal erhitzt und geknetet, bis sie eine teigähnliche Konsistenz bekommt. Diese Käsemasse wird zu Kugeln geformt und zum Ruhen für ein paar Stunden in Salzlake gelegt, damit sich der typische Mozzarella-Geschmack entwickeln kann. Echter Mozzarella wird traditionell aus Milch von Büffelkühen gemacht und ist weicher und wesentlich aromatischer als Mozzarella aus normaler Kuhmilch, der in Italien auch „Fior di latte" heißt. Lagern Sie den Käse zum Aufbewahren immer in der Lake im Kühlschrank, frisch schmeckt er aber am allerbesten.
Caciocavallo und **Scamorza** werden aus der gleichen Grundmasse wie Mozzarella zubereitet. Nach dem Kneten und Formen kommt der Caciocavallo etwa zwei Tage lang in ein Salzbad, bevor er in kühlen Räumen reift, die sizilianische Variante heißt Provola. Ein Scamorza wird daraus, wenn der Käse anschließend noch geräuchert wird. Er schmeckt besonders intensiv.

HART UND AROMATISCH

Ursprünglich stammt **Pecorino** aus Sardinien und wurde dort von den Schäfern aus der Milch von Schafen (italienisch „pecora") hergestellt. Heute findet man den aromatischen Hartkäse in fast ganz Italien, mal aus Schafs-, gelegentlich auch aus Ziegenmilch. Je länger er reift, desto kräftiger wird Pecorino im Geschmack.
Ein ähnlicher Käse stammt aus Spanien und wird aus der Milch der Manchega-Schafe gemacht. **Manchego** reift mindestens 60 Tage und schmeckt wie Pecorino zuerst mild und mit der Reife immer kräftiger.
Die griechische Variante heißt **Kefalotiri**. Der würzige Hartkäse aus Schafs- oder Kuhmilch lässt sich sehr gut reiben und wird in seiner Heimat zum Überbacken von Moussaka ebenso verwendet wie als Beigabe im Salat. Kefalotiri schmeckt auch paniert und gebacken oder gebraten sehr gut. Wenn Sie ihn hierzulande nicht bekommen, ersetzen Sie ihn durch reifen Pecorino oder Manchego.

FRISCH UND WEICH

Ricotta bedeutet „noch einmal gekocht". Denn der krümelige Frischkäse wird aus Molke produziert, die bei der Käseherstellung übrig bleibt. Diese Molke wird noch einmal erhitzt, mit einem Gerinnungsmittel versetzt, damit das Eiweiß ausflockt und abgeschöpft werden kann. In Körben tropft die Käsemasse dann ab und ist schon nach drei bis vier Stunden fest und zum Verzehr geeignet. Am besten schmeckt frischer Ricotta als Füllung von Ravioli oder als Bestandteil von Desserts. Es gibt verschiedene Ricottaarten, die zum Beispiel länger gereift sind und dann auch gerieben werden können.

EDEL UND WÜRZIG

Roquefort ist etwas ganz besonderes unter den vielen köstlichen französischen Käsespezialitäten. Aus Schafsmilch gemacht und mit edlem Blauschimmel geimpft, reift er in Höhlen der Region Languedoc-Roussillon. Er schmilzt gut, schmeckt aber auch pur – besonders gut mit einem Gläschen Süßwein.

WEISS UND FEST

Feta wird in Griechenland und der Türkei traditionell aus Schafsmilch oder einer Mischung aus Schafs- und Ziegenmilch hergestellt. Hierzulande findet man in jedem Supermarkt auch eine Variante aus Kuhmilch, die etwas milder im Geschmack ist. Der zu Blöcken gepresste Käse wird in Salzlake konserviert. Er schmeckt gewürfelt oder zerbröselt im Salat, eignet sich aber auch zum Überbacken von Gemüse, Fleisch und Fisch oder zum Grillen in Folie. Ähnlich, aber fester ist **Halloumi**. Die Käsesorte ist vor allem auf Zypern beliebt, aber auch auf den Speisekarten der Türkei, Ägypten und Syrien häufig zu finden. Halloumi wird ursprünglich aus Schafsmilch, heute auch aus Mischungen mit Ziegen- und/oder Kuhmilch hergestellt, stark gepresst und noch einmal kurz gekocht. Der Käse schmilzt beim Erhitzen nicht und kann daher gut gebraten oder gegrillt werden.

TOMATEN-RISOTTO
mit Pinienkernen

SCHÖN SÄMIG UND CREMIG, FAST SAHNIG UND GUT FEUCHT MUSS ER SEIN, DER KLASSISCHE
ITALIENISCHE RISOTTO. ER KANN MIT ALLERLEI GEMÜSE ZUBEREITET WERDEN.

Zutaten für 4 Portionen

600 g Tomaten

1 rote Zwiebel

2 Knoblauchzehen

2 Zweige Rosmarin

60 g Butter

350 g Risottoreis

1 l heiße Gemüsebrühe

3 EL Pinienkerne

50 g in Öl eingelegte, getr.
Tomaten

4 Stängel Basilikum

3 EL frisch geriebener
Parmesan

Salz, Pfeffer aus der Mühle

Zeitbedarf
▪ 35 Minuten

So geht's

1. Die Tomaten häuten (siehe Seite 83) und klein würfeln. Die Zwiebel und den Knoblauch schälen und sehr fein würfeln. Den Rosmarin waschen und trocken schütteln. Die Blättchen abzupfen und fein hacken.

2. 25 g Butter in einem Topf zerlassen. Zwiebel, Knoblauch und Rosmarin darin andünsten. Reis ungewaschen dazugeben und unterrühren, bis die Körner von der Butter überzogen sind. 1 Schöpfer Brühe angießen. Den Reis offen unter häufigem Rühren [→ a] bei schwacher bis mittlerer Hitze etwa 10 Minuten kochen, dabei immer wieder Brühe angießen.

3. Die Tomaten untermischen. Den Reis noch etwa 10 Minuten garen, bis er bissfest ist. Dabei weiterhin häufig rühren und den Rest der Brühe angießen.

4. Inzwischen in einer Pfanne 1 EL Butter zerlassen und die Pinienkerne darin anbraten. Die getrockneten Tomaten abtropfen und in Streifen schneiden. Das Basilikum waschen und trocken schütteln, die Blätter von den Stielen zupfen. Kleine Blätter ganz lassen, große kleiner zupfen.

5. Die übrige Butter in kleine Würfel schneiden und mit dem Parmesan und den Tomatenstreifen unter den Risotto rühren. Mit Salz und Pfeffer abschmecken und mit den Pinienkernen und dem Basilikum bestreut servieren.

Dazu noch mehr geriebenen Parmesan reichen.

KÜCHENGEHEIMNIS | WASCHEN VERBOTEN **Die Stärke, die an den Reiskörnern haftet, sorgt unter anderem dafür, dass der fertige Risotto schön sämig wird. Den Reis also niemals waschen, sondern immer trocken andünsten.**

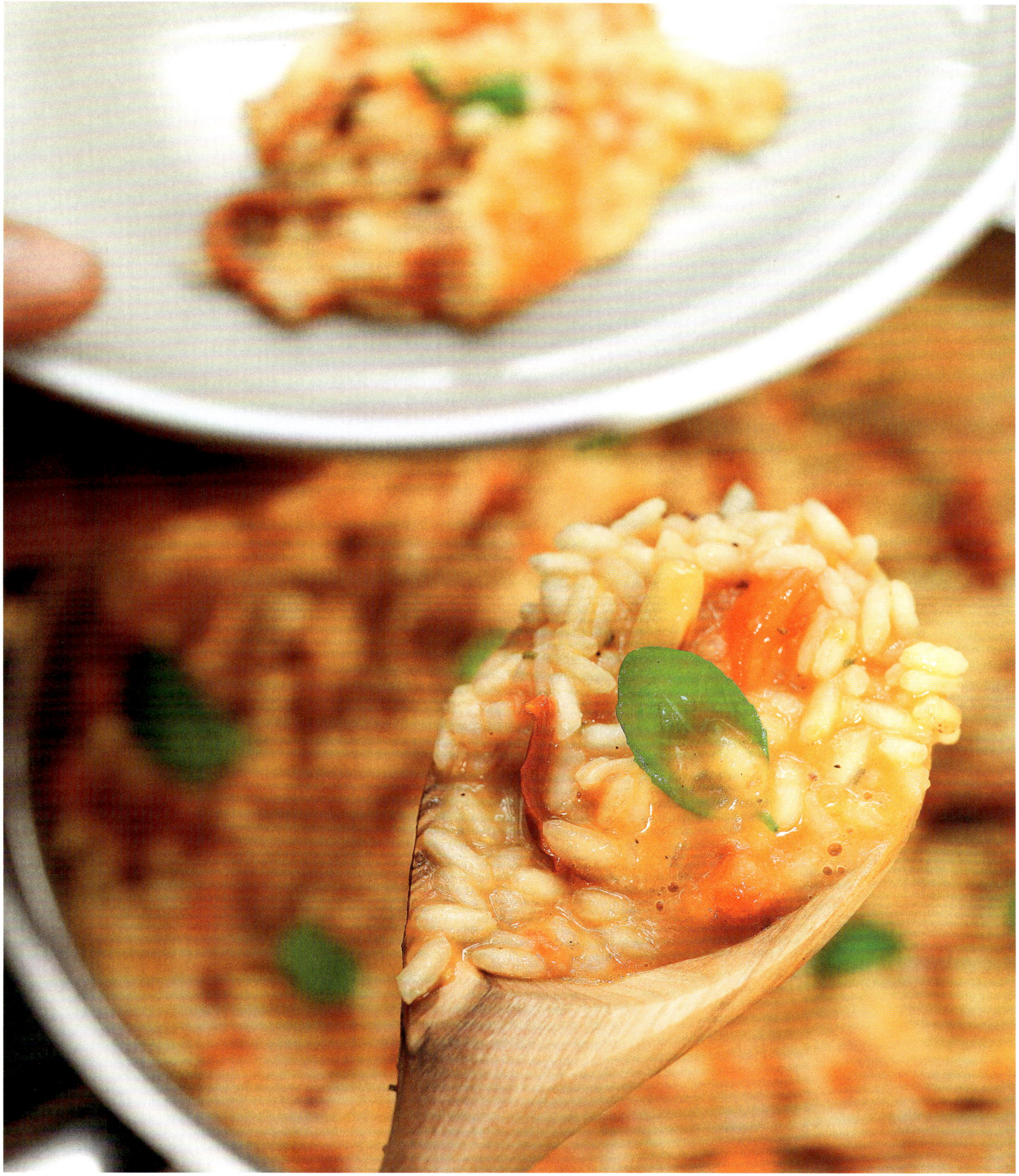

DAS IST *wirklich* WICHTIG

[a] FLEISSIG RÜHREN Für die perfekte Konsistenz ist wichtig, dass Sie immer dann wieder einen Schöpfer Flüssigkeit nachgießen, sobald der Reis sie fast aufgesogen hat. Und: so oft wie möglich rühren. Das macht Risotto besonders schön cremig und sämig.

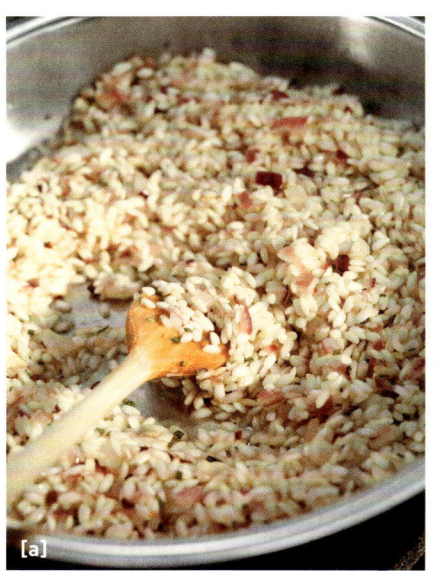

[a]

LAMMTOPF
mit Kritharaki

Zutaten für 4 Portionen

800 g Lammkeule ohne Knochen

2 große Zwiebeln

4 Knoblauchzehen

500 g Tomaten

¼ Bund Thymian

1 Stück Bio-Zitronenschale

4 EL Olivenöl

½ l milde Fleisch- oder Gemüsebrühe

Salz, Pfeffer aus der Mühle

½ TL Zimtpulver

200 g Kritharaki (griech. Nudeln in Reiskornform)

100 g Feta (Schafskäse)

Zeitbedarf

- 40 Minuten
- 1½ Stunden schmoren

So geht's

1. Die Lammkeule kalt abbrausen, trocken tupfen und parieren (siehe Seite 15). Das Fleisch in etwa 2 cm große Stücke schneiden. Zwiebeln und Knoblauch schälen und fein würfeln. Die Tomaten putzen, häuten (siehe Seite 83) und ebenfalls würfeln. Den Thymian abbrausen, trocken schütteln und die Blättchen abstreifen. Die Zitronenschale fein hacken.

2. Den Backofen auf 200 °C (Ober- und Unterhitze; Umluft 180 °C) vorheizen. Das Fleisch in einem Bräter im heißen Öl bei starker Hitze in 3 Portionen rundherum kräftig anbraten, herausnehmen. Die Hitze zurückschalten und Zwiebeln, Knoblauch und Thymian im Bratfett andünsten. Tomaten und Zitronenschale untermischen, 5 Minuten offen köcheln lassen. Fleisch und die Hälfte der Brühe in den Bräter rühren, mit Salz, Pfeffer und Zimt würzen. Den Bräter mit einem Stück Alufolie (glänzende Seite nach unten) abdecken und in den Ofen (Mitte) stellen.

3. Nach etwa 1 Stunde die Nudeln mit der restlichen Brühe unter das Fleisch mischen, wieder abdecken und weitere 20 Minuten zugedeckt garen, bis die Nudeln bissfest sind. Den Schafskäse fein über den Lammtopf krümeln und offen noch mal für etwa 5 Minuten backen. Vor dem Servieren kurz ruhen lassen.

Dazu schmecken Sesam-Fladenbrot und Tzatziki (Rezept Seite 18).

PILAW
mit Huhn

Zutaten für 4 Portionen

1 Döschen Safranfäden (0,1 g)

1 Bund Frühlingszwiebeln

4 Knoblauchzehen

300 g Tomaten

3 EL Öl

250 g Langkornreis

⅜ l Hühnerbrühe

40 g Korinthen oder Rosinen

1 getr. Chilischote

Salz, Pfeffer aus der Mühle

1 Prise gem. Kreuzkümmel

400 g Hähnchenbrustfilets

40 g Pinienkerne

250 g Joghurt

Zeitbedarf

- 35 Minuten

So geht's

1. Die Safranfäden in ⅛ l Wasser einweichen. Frühlingszwiebeln waschen und putzen, die weißen Teile fein schneiden. Knackiges Grün beiseitelegen. 2 Knoblauchzehen schälen und fein hacken. Tomaten häuten (siehe Seite 83) und fein würfeln.

2. In einer Pfanne mit Deckel 2 EL Öl erhitzen. Zwiebeln und Knoblauch darin andünsten. Den Reis dazugeben. Mit dem Safranwasser und der Brühe aufgießen, Tomaten und Korinthen untermischen. Chilischote zerkrümeln und zufügen. Reis mit Salz, Pfeffer und Kreuzkümmel abschmecken und zugedeckt bei schwacher Hitze 15 Minuten garen.

3. Inzwischen das Hähnchenfleisch kalt waschen, trocken tupfen und in gut 1 cm große Würfel schneiden. Das Zwiebelgrün in Ringe schneiden.

4. Eine zweite Pfanne erhitzen, die Pinienkerne darin ohne Fett goldgelb rösten und herausnehmen. Restliches Öl erhitzen. Hähnchenwürfel darin bei mittlerer Hitze unter Rühren 2–3 Minuten braten, salzen und pfeffern. Mit den Pinienkernen unter den Reis rühren und alles noch ca. 5 Minuten garen, bis der Reis bissfest ist.

5. Den restlichen Knoblauch schälen, zum Joghurt pressen und untermischen. Joghurt mit Salz und Pfeffer abschmecken. Die Zwiebelringe unter den Pilaw mischen. Pilaw abschmecken und mit dem Joghurt servieren.

PAELLA
ganz klassisch

Zutaten für 4 Portionen

400 g Tomaten

je 1 rote und grüne Paprika-schote

1 Zwiebel, 2 Knoblauchzehen

800 ml Hühnerbrühe

300 g Venusmuscheln

1 Döschen Safranfäden (0,1 g)

4 Hühnerunterkeulen (je ca. 100 g)

Salz, Pfeffer aus der Mühle

200 g Schweinefilet

8 große, rohe Garnelen in der Schale

6 EL Olivenöl

350 g span. Paella-Reis

250 g TK-Erbsen

1 TL edelsüßes Paprikapulver

1 Zitrone

besonderes Werkzeug
▪ Paella-Pfanne (ersatzweise ein großer Wok oder eine Bratreine)

Zeitbedarf
▪ 1 Stunde
▪ 25 Minuten backen

So geht's

1. Mit einem kleinen Messer aus den Tomaten den Stielansatz keilförmig herausschneiden. Die Tomaten in einer Schüssel mit kochendem Wasser überbrühen, kurz ziehen lassen, bis die Haut anfängt sich zu lösen, dann abgießen, abschrecken und häuten (siehe Seite 83). Die Paprikaschoten waschen, vierteln und den Stiel sowie die Trennhäute samt den Kernen entfernen. Die Paprikaviertel in Streifen schneiden. Die Zwiebel und den Knoblauch schälen und fein würfeln.

2. Die Brühe zum Kochen bringen. Währenddessen die Venusmuscheln kalt abbräusen. Muscheln, die sich dabei nicht schließen, aussortieren und wegwerfen. Die Muscheln in der Brühe zugedeckt 1–2 Minuten kochen, bis sie sich öffnen. Mit dem Schaumlöffel aus der Brühe heben. Den Safran in der Brühe einweichen lassen.

3. Die Hühnerkeulen abbrausen, trocken tupfen und mit Salz und Pfeffer würzen. Das Schweinefilet ebenfalls abbrausen, trocken tupfen und in etwa 1 cm große Würfel schneiden. In der Paella-Pfanne 2 EL Öl erhitzen, die Hühnerkeulen darin von allen Seiten rundherum bei starker Hitze kräftig anbraten, aus der Pfanne nehmen und beiseitestellen. Das Schweinefleisch im verbliebenen Bratfett rundherum kurz braten, salzen, pfeffern und zu den Keulen legen. Zum Schluss die Garnelen 1 Minute in der Pfanne braten und ebenfalls wieder herausnehmen.

4. Nochmals 2 EL Öl in der Pfanne erhitzen und Zwiebel, Knoblauch und Paprika darin andünsten. Den Reis dazugeben und gut unterrühren, bis alle Körnchen glänzen. Die Safranbrühe angießen und die Erbsen untermischen, aufkochen lassen. Den Reis offen bei schwacher bis mittlerer Hitze etwa 15 Minuten köcheln lassen, bis er die Flüssigkeit fast aufgesogen hat.

5. Inzwischen den Backofen auf 180 °C (Ober- und Unterhitze; Umluft 160 °C) vorheizen. Die Tomaten klein würfeln, unter den Reis mischen und alles mit Salz, Pfeffer und Paprika würzen. Hühnerkeulen, Schweinefleisch, Muscheln und Garnelen auf dem Reis verteilen, mit dem restlichen Öl (2 EL) beträufeln und die Pfanne mit einem Stück Alufolie (glänzende Seite nach unten) abdecken.

6. Die Paella im heißen Ofen (Mitte) etwa 25 Minuten backen, bis der Reis schön bissfest ist. Die Zitrone in Schnitze schneiden und zur Paella servieren.

[a]

DAS IST
wirklich
WICHTIG

[a] ORANGENSCHALE ABSCHNEIDEN Dabei darauf achten, dass die darunterliegende weiße Haut nicht mit entfernt wird. Die schmeckt nämlich bitter. Dafür eignet sich am besten ein kleines, sehr scharfes Messer oder ein Sparschäler.

[b] FISCHFILETS BRATEN Braten Sie den Fisch auf der Hautseite so lange, bis die Haut knusprig ist. Dann schmeckt sie besonders gut und löst sich auch leicht aus der Pfanne. Außerdem erkennen Sie, ob die Filets bereit zum Wenden sind, wenn das Fischfleisch an der Oberseite nicht mehr durchsichtig ist.

SO KNUSPRIG GEBRATEN, IST DAS FILET BEREIT ZUM WENDEN.

[b]

SENF-LINSEN
mit Fischfilet

LINSEN GIBT ES IN SÜDFRANKREICH ALS VORSPEISE MIT GEMÜSESTIFTEN
UND VINAIGRETTE. MIT KROSS GEBRATENEM MITTELMEERFISCH SIND SIE
ABER AUCH ALS FEINES HAUPTGERICHT BELIEBT.

Zutaten für 4 Portionen

1 Bio-Orange

6 Zweige Thymian

2 Schalotten

2 Knoblauchzehen

1 Stange Staudensellerie

250 g Puy-Linsen (Bio-Laden)

3 EL Olivenöl

1 Lorbeerblatt

¼ l Gemüsebrühe

8 Rotbarben- oder Doradenfilets
mit Haut (je ca. 100 g)

Salz, Pfeffer aus der Mühle

1 EL Butter

100 g Crème fraîche

2 TL scharfer Senf

etwas Zitronensaft zum
Beträufeln (nach Belieben)

Zeitbedarf
▪ 50 Minuten

So geht's

1. Für die Linsen die Orange heiß waschen und abtrocknen, ein langes Stück Schale abschneiden [→a]. Den Thymian waschen und trocken schütteln, die Blättchen von den
Zweigen streifen. Die Schalotten und den Knoblauch schälen und klein würfeln. Den
Sellerie waschen und die Enden abschneiden. Fäden, die sich dabei lösen, abziehen.
Zartes Selleriegrün beiseitelegen, die Selleriestange klein würfeln.

2. Die Linsen in einem Sieb kalt abspülen und abtropfen lassen. In einem Topf 1 EL Öl erhitzen, Schalotten, Knoblauch, Sellerie und Thymian darin bei mittlerer Hitze 1–2 Minuten andünsten. Orangenschale und Lorbeer dazugeben, die Brühe angießen. Die Linsen
in den Topf rühren und zugedeckt bei schwacher Hitze in 20–25 Minuten bissfest garen,
bei Bedarf noch etwas Brühe nachgießen.

3. Inzwischen die Fischfilets kalt abbrausen und trocken tupfen, auf beiden Seiten mit
Salz und Pfeffer würzen. Die Butter und das restliche Öl in einer großen Pfanne erhitzen. Fischfilets mit der Haut nach unten hineinlegen und bei starker Hitze je nach Dicke
3–5 Minuten braten. Umdrehen und noch einmal 1 Minute braten [→b]. Die Pfanne vom
Herd ziehen und die Filets kurz nachziehen lassen.

4. Vorhandenes Selleriegrün fein hacken. Die Orange auspressen und 4 EL Saft mit Crème
fraîche und Senf verrühren. Die Orangenschale und das Lorbeerblatt aus den gegarten
Linsen entfernen. Das Selleriegrün und die Senf-Crème unter die Linsen mischen, mit
Salz und Pfeffer abschmecken. Senf-Linsen auf vorgewärmten Tellern verteilen und die
Fischfilets daneben oder darauf anrichten. Nach Belieben mit etwas Zitronensaft beträufeln und gleich servieren.

Dazu schmeckt Baguette.

TABOULÉ
mit Tomaten und Minze

DIESER COUSCOUS-SALAT KOMMT URSPRÜNGLICH AUS DEM LIBANON. HEUTE FINDET MAN IHN VON MAROKKO BIS ISRAEL, IN DER TÜRKEI UND SOGAR IN FRANKREICH.

Zutaten für 4 Portionen

200 g Couscous (Instant)

500 g Tomaten

1 Bund Minze

1 kleines Bund Petersilie

2 Frühlingszwiebeln

1 frische rote Chilischote

5 EL Olivenöl

2 EL Pinienkerne

4 EL Zitronensaft

Salz

½ TL gem. Koriander

Zeitbedarf
▪ 35 Minuten

So geht's

1. Den Couscous in einer Schüssel mit 400 ml lauwarmem Wasser begießen und quellen lassen, bis die übrigen Zutaten vorbereitet sind.

2. Inzwischen die Tomaten waschen, von den Stielansätzen befreien und sehr fein würfeln. Minze und Petersilie waschen und trocken schütteln. Die Blättchen abzupfen und fein hacken. Die Frühlingszwiebeln waschen, putzen und mit dem saftigen Grün in feine Ringe schneiden. Die Chilischote waschen, vom Stiel befreien und mit den Kernen fein hacken.

3. In einer kleinen Pfanne 1 EL Öl erhitzen und die Pinienkerne darin bei mittlerer Hitze unter Rühren goldgelb braten.

4. Den Zitronensaft mit dem restlichen Öl cremig schlagen. Die Sauce mit Tomaten, Käutern, Zwiebelringen und Chili unter den Couscous rühren. Mit Salz und gemahlenem Koriander würzen. Vor dem Servieren die Pinienkerne aufstreuen.

Die Variante | Libanon

Bulgursalat
200 g feiner Bulgur (Weizen-schrot), 200 g Tomaten, 1 kleine Salatgurke, je 1 rote und gelbe Spitzpaprika, 2 EL Kräuterblättchen (Kori-ander, Minze und Basilikum), 4 EL Zitronensaft, 1 TL ro-senscharfes Paprikapulver, 1 TL gem. Kreuzkümmel, Salz, 6 EL Olivenöl, 150 g Feta (Schafskäse)

Bulgur in einer Schüssel mit lauwarmem Wasser bede-cken und ca. 20 Minuten quellen lassen. Tomaten, Gurke und Paprika waschen, putzen und klein würfeln. Kräuterblättchen fein ha-cken. Zitronensaft mit Papri-kapulver, Kreuzkümmel und Salz verrühren. Öl nach und nach unterschlagen, bis eine cremige Sauce entsteht. Das Gemüse, die Kräuter und die Sauce unter den Bulgur mischen und abschmecken. Feta zerkrümeln und vor dem Servieren auf den Bul-gursalat streuen.

KULINARISCHE TRADITION | COUSCOUS ist Bestandteil vieler nordafrika-nischer Gerichte. Viele Frauen stellen ihn dort noch selbst her, indem sie Grieß aus Weizen, Gerste oder Hirse zu winzigen Kügelchen zerreiben und in der Sonne trocknen. Bulgur dagegen besteht aus Hartweizenschrot und ist in der ostarabischen Küche beheimatet.

[a]

[b]

DAS IST *wirklich* WICHTIG

[a] KIBBEH FORMEN Dafür jede Frikadelle auf einer Handfläche noch flacher drücken (etwa handtellergroß). Etwa 1 EL Füllung daraufsetzen und die Frikadellenmasse darum verschließen. Das so entstandene eiergroße Bällchen oval formen und ein Ende etwas spitzer zulaufen lassen.

[b] ÖL ERHITZEN Halten Sie zum Test einen hölzernen Kochlöffel ins heiße Öl. Wenn sich rundherum viele kleine Bläschen bilden, ist das Öl heiß genug. Wer ein Digitalthermometer besitzt, misst die Temperatur: 160 – 170 °C sind ideal.

BULGUR-FRIKADELLEN
mit Lammfüllung

„KIBBEH" HEISSEN DIE KNUSPRIGEN EIERFÖRMIGEN BÄLLCHEN VON DER TÜRKEI BIS NACH SYRIEN. SIE SCHMECKEN ALS HAUPTGERICHT MIT EINEM FRISCHEN SALAT ODER ALS VORSPEISE MIT EINER JOGHURTSAUCE.

Zutaten für ca. 20 Stück

Für die Frikadellen

200 g feiner Bulgur

500 g Lammfleisch ohne Knochen

1 große Zwiebel

1 kleines Bund Petersilie

1 Handvoll Walnusskerne

3 EL Pinienkerne

je 1 TL rosenscharfes Paprika-pulver, gemahlener Piment und Kreuzkümmel

1 Prise Zimtpulver

Salz, Pfeffer aus der Mühle

¾ l Öl zum Frittieren

Zitronenschnitze zum Servieren

Für die Füllung

2 EL Pinienkerne

1 Zwiebel, 1 EL Öl

250 g Lammhackfleisch (türk. Lebensmittelladen oder selber durchdrehen)

besonderes Werkzeug
- Küchenmaschine oder Fleischwolf

Zeitbedarf
- 1½ Stunden

So geht's

1. Für die Frikadellen den Bulgur in einer Schüssel mit kochendem Wasser bedecken und etwa 20 Minuten quellen lassen.

2. Inzwischen das Lammfleisch von größeren Fettstücken und den Sehnen befreien (siehe Seite 15) und in 2–3 cm große Würfel schneiden. Die Zwiebel schälen und fein reiben. Die Petersilie waschen und trocken schütteln, die Blättchen fein hacken.

3. Die Walnusskerne in kleine Stücke brechen und mit den Pinienkernen in einer trocke-nen Pfanne bei mittlerer Hitze unter Rühren goldgelb rösten, auf einen Teller geben und beiseitestellen.

4. Den Bulgur in ein feines Sieb abgießen und abtropfen lassen. Dann mit Fleisch, Zwiebel und Nüssen durch einen Fleischwolf drehen oder in 2–3 Portionen in einer Küchenma-schine so fein zerkleinern, dass sich alle Zutaten gut miteinander verbinden. Wenn nö-tig, mehrmals durchdrehen oder mixen. Gehackte Petersilie und alle Gewürze zur Fri-kadellenmasse geben, mit Salz und Pfeffer würzen und alles gründlich vermengen. Aus der Masse mit feuchten Händen etwa 20 Frikadellen formen und kalt stellen.

5. Für die Füllung die Pinienkerne in der Pfanne ohne Fett bei mittlerer Hitze goldgelb rösten, in eine Schüssel füllen. Die Zwiebel schälen und sehr fein würfeln. Das Öl in der Pfanne erhitzen und die Zwiebel darin bei mittlerer Hitze glasig dünsten. Mit dem Hackfleisch zu den Pinienkernen geben und gut mischen.

6. Jede Frikadelle füllen und in die typische Kibbeh-Form bringen [→a]. Das Öl zum Frit-tieren in einem Topf gut erhitzen [→b]. Die Kibbeh portionsweise im heißen Fett in etwa 4 Minuten knusprig frittieren. Mit dem Schaumlöffel herausheben und auf einer dicken Lage Küchenpapier abfetten lassen. Wenn alle Kibbeh frittiert sind, mit Zitronenschnit-zen servieren.

GEMÜSE

UNTER DER WÄRMENDEN MITTELMEERSONNE REIFT GEMÜSE IM ÜBERFLUSS UND MIT BESONDERS VIEL AROMA UND VITALSTOFFEN HERAN. KEIN WUNDER ALSO, DASS ES IN VIELEN MEDITERRANEN GERICHTEN ALS HAUPTZUTAT ZU FINDEN IST. ABER AUCH ALS BEILAGE ZU FLEISCH, FISCH UND MEERESFRÜCHTEN HAT ES EINEN GROSSEN STELLENWERT AUF DEM SPEISEPLAN.

RATATOUILLE
ganz klassisch

PROVENZALISCHE KÜCHE PAR EXCELLENCE – SONNENGEREIFTES GEMÜSE, KRÄUTER UND FEINSTES OLIVENÖL GEHEN EINE GENIALE VERBINDUNG EIN – ALS BEILAGE ODER KLEINER IMBISS.

Zutaten für 4 Portionen

200 g junge Zucchini (ca. 400 g)

1 große Aubergine (ca. 300 g)

je 1 rote und gelbe Paprikaschote

400 g vollreife Tomaten

1 rote oder weiße Zwiebel

4 Knoblauchzehen

8 Zweige Thymian

6 EL Olivenöl

Salz, Pfeffer aus der Mühle

Zeitbedarf
▪ 1 Stunde

So geht's

1. Zucchini, Aubergine und Paprikaschoten waschen und putzen. Die Zucchini und die Aubergine in ca. 1 cm große Würfel schneiden, die Paprikas vierteln. Stiele und Trennhäute mit den Kernen entfernen, Paprikas in knapp 1 cm breite Streifen schneiden.

2. Tomaten häuten [→a] und klein würfeln. Die Zwiebel und den Knoblauch schälen und fein hacken. Den Thymian waschen, trocken schütteln und die Blättchen gegen die Richtung, in die sie wachsen, abstreifen.

3. In einem Topf 4 EL Olivenöl erhitzen. Die Auberginenwürfel darin bei mittlerer Hitze unter Rühren ca. 5 Minuten braten, bis sie leicht braun sind. Zucchini, Paprika, Zwiebel und Knoblauch mit dem Thymian und dem restlichen Öl unterrühren und kurz anbraten. Die Tomaten untermischen, das Gemüse mit Salz und Pfeffer kräftig abschmecken und zugedeckt bei schwacher bis mittlerer Hitze ca. 20 Minuten schmoren. Ratatouille zwischendurch umrühren.

4. Die Ratatouille noch einmal abschmecken und heiß oder lauwarm servieren.

Als Imbiss frisches Baguette dazu reichen.

Die Variante | Frankreich

Ofen-Ratatouille
2 Zucchini (ca. 400 g), 1 Aubergine (ca. 400 g), je 1 rote und gelbe Paprikaschote, 1 Zwiebel, 4 Knoblauchzehen, 6 EL Olivenöl, Salz, Chilipulver, 500 g Tomaten, 4 kleine, runde Ziegen(frisch)käse (z. B. Crottin), 1 Handvoll Basilikumblättchen

Zucchini, Aubergine und Paprika waschen und putzen. Zwiebel und Knoblauch schälen. Alles gleich groß würfeln und mit 4 EL Olivenöl in einer feuerfesten Form mischen, mit Salz und Chilipulver würzen und im vorgeheizten Backofen bei 180 °C (Ober- und Unterhitze; Umluft 160 °C) ca. 30 Minuten garen, zwischendurch umrühren. Tomaten häuten (siehe Seite 83), würfeln, unter das Gemüse mischen und weitere 15 Minuten garen. Käse horizontal halbieren, auf der Ratatouille verteilen, mit dem übrigen Olivenöl beträufeln. Ratatouille unter dem Backofengrill 4–5 Minuten gratinieren. Mit Basilikum bestreut servieren.

[a]

DAS IST *wirklich* WICHTIG

[a] TOMATEN HÄUTEN Zunächst jeweils den Stielansatz mit einem kleinen Messer wie einen Keil herausschneiden. Legen Sie die Tomaten dann in eine Schüssel und gießen Sie kochend heißes Wasser darüber. Die Tomaten darin ziehen lassen, bis sich die Haut leicht aufbiegt. Tomaten aus dem Wasser nehmen oder in ein Sieb abgießen, kalt abschrecken und dann die Haut abziehen.

ORIENT
Märchenhaft genießen

SYRIEN, LIBANON UND ISRAEL IM OSTEN, ÄGYPTEN, LIBYEN, TUNESIEN, ALGERIEN UND MAROKKO IM SÜDEN. BEIM GENÜSSLICHEN BLICK AUF DIE LÄNDER AM ÖSTLICHEN UND SÜDLICHEN MITTELMEER ENTDECKT MAN VIELE GEMEINSAMKEITEN, ABER AUCH EIGENE KULINARISCHE BESONDERHEITEN, DIE JEDES LAND HERVORGEBRACHT HAT.

Wie überall am Mittelmeer liebt man auch in der Küche des Orients die Vielfalt. Kein Wunder, dass von Syrien bis Marokko jedes Festmahl mit einem Vorspeisensortiment namens „mezze" beginnt. Zu ihm gehören fast überall Falafel, ebenso wie würzig angemachter Joghurt, Feta, Oliven, pürierte Auberginen und vieles mehr. Dazu wird immer Fladenbrot gereicht. Das lässt man sich aber auch zu allen anderen Gerichten schmecken und tunkt damit Saucen auf oder füllt es mit allerlei Salaten. Außerdem gehören aromatische Kräuter ebenso wie feinste Gewürze, von Safran bis Zimt, zum Kochen unbedingt dazu.

KÜCHE DES MAGREB

Nordafrika: Vor allem in den früher von Frankreich beherrschten Ländern hat sich eine raffinierte und feine Küche entwickelt, die überall auf der Welt ihre Anhänger gefunden hat. In Algerien, Tunesien und Marokko kocht man gerne im Tontopf, der Tajine, am liebsten über glühenden Holzkohlen. Couscous kommt als Salat oder auch mit verschiedenen Ragouts aus Fleisch, Fisch oder Gemüse auf den Tisch. In Salzlake eingelegte Zitronen, feine Gewürzmischungen wie „Ras el-Hanout" aus Marokko, aber auch Koriander und Minze sorgen für viel Aroma und Frische in der Küche.

DIE SCHWELLE ZUM NAHEN OSTEN

Ägypten: Die kulinarischen Gewohnheiten des Landes sind eine Mischung aus der Küche des Magreb und des Osmanischen Reichs, also der türkischen Küche. Häufig ist neben den Fängen aus dem Mittelmer auch Fisch aus dem Nil auf den Speisekarten zu finden. Beim Fleisch greift man besonders gerne zu Geflügel. Beliebt sind auch zahlreiche Gemüsezubereitungen und Gerichte mit Hülsenfrüchten. Das Nationalgericht der Ägypter ist „foul". Die zu Brei gekochten Bohnen, mit vielen frischen Zutaten als Beigabe, lassen sich die Ägypter sogar schon zum Frühstück schmecken.

BESONDERS FEIN

Libanon und Syrien: Auch hier hatten die Franzosen ihre Hand im Spiel. Durch ihr Zutun wurden die kulinarischen Einflüsse der Türken und des arabischen Raums auf die libanesische und syrische Küche noch verfeinert. Man liebt Gegrilltes wie marinierte Fleischstücke vom Spieß, vor allem Lamm oder Huhn, aber auch feine Fische vom Rost. Abwechslungsreiche Gemüseküche ist ebenso eine Spezialität der Länder wie frische Salate, die mit Minze und Koriandergrün verfeinert werden. Der aus dem Libanon stammende „taboulé", ein Salat aus Bulgur, ganz viel Petersilie, Tomaten- und Gurkenwürfeln, ist auch im Vorderen Orient, der Türkei und Frankreich populär. Aus Syrien stammt der „hummus", die Mischung aus pürierten Kichererbsen und Sesammus, „tahina". Aber auch „falafel" und knusprige „kibbeh", Bällchen aus Bulgur und Lammfleisch, mal mit, mal ohne Füllung, sind beliebt.

ZWEI WELTEN

Israel: Der eine Teil der Bevölkerung kocht koscher nach den Regeln der orthodoxen jüdischen Küche, der andere ist arabisch ausgerichtet. Man liebt Pasten mit „tahina", „falafel" und bunt gemischte Salate aus ganz unterschiedlichen Zutaten, die man gerne ins Pittabrot steckt und sich so als Imbiss schmecken lässt.

ORIENTALISCHE GEWÜRZMISCHUNGEN

Die beiden meist verwendeten Gewürzmischungen gibt es auch fertig zu kaufen. Für noch mehr Aroma lohnt es sich aber, sie erst bei Bedarf und ganz frisch herzustellen: Für „Ras el-Hanout" je 1 TL gemahlene Gewürznelken, Muskatblüte und Muskatnuss mit je 1 TL gemahlenem schwarzem Pfeffer, Kardamom, Zimt, Kurkuma und je 1 TL edelsüßem und scharfem Paprikapulver sowie 1 TL frisch geriebener Muskatnuss mischen. Für „Baharat" 1 EL schwarze Pfefferkörner mit je ½ EL Koriander- und Kreuzkümmelsamen, 1 Stück Zimtstange (ca. 3 cm), je 5 Gewürznelken und den Samen aus 2 Kardamomkapseln in einer Pfanne leicht rösten, dann im Mörser so fein wie möglich zerstoßen. Dazu 1 EL rosenscharfes Paprikapulver und 2 TL frisch geriebene Muskatnuss mischen.

GEMÜSE-TAJINE
mit Kichererbsen

BESONDERS GUT GELINGT DIESE MAROKKANISCHE SPEZIALITÄT IN EINEM
SPEZIELLEN TAJINE-TOPF, DEN ES TRADITIONELL AUS GLASIERTEM TON,
INZWISCHEN ABER AUCH AUS GUSSEISEN ZU KAUFEN GIBT.

Zutaten für 4 Portionen

100 g getr. Kichererbsen

½ TL Natron

1 Döschen Safranfäden (0,1 g)

1 Bund Koriandergrün

3 rote Zwiebeln

300 g Möhren

400 g Hokkaido-Kürbis

1 Aubergine

2 frische rote Chilischoten

4 Knoblauchzehen

100 g getr. Aprikosen

je 2 TL gem. Kreuzkümmel,
Koriander, rosenscharfes Paprikapulver und Ras el-Hanout
(marok. Würzmischung)

2 EL Olivenöl

300 g Tomaten

1 TL Honig, 1 Prise Zimtpulver

besonderes Werkzeug
- Tajine-Topf

Zeitbedarf
- 1¼ Stunden
- 12 Stunden quellen

So geht's

1. Die Kichererbsen in einer Schüssel mit Wasser übergießen und über Nacht quellen lassen. Am nächsten Tag die Kichererbsen abgießen und mit frischem Wasser und dem Natron zum Kochen bringen. Bei halb aufgelegtem Deckel bei mittlerer bis schwacher Hitze ca. 30 Minuten köcheln lassen.

2. Inzwischen den Safran zwischen den Fingern zerreiben und in 300 ml Wasser einweichen. Koriandergrün waschen und trocken schütteln. Die Blättchen abzupfen und ca. 1 EL davon zugedeckt beiseitestellen. Den restlichen Koriander fein hacken.

3. Zwiebeln schälen und achteln. Möhren schälen, putzen und der Länge nach halbieren, dann quer in ca. 4 cm lange Stücke schneiden. Den Kürbis waschen, putzen und mit der Schale ca. 2 cm groß würfeln. Die Aubergine waschen, putzen und in ca. 2 cm große Würfel schneiden. Die Chilischoten waschen und die Stiele abschneiden. Die Schoten mit den Kernen in feine Ringe schneiden. Knoblauch schälen und halbieren. Die Kichererbsen in ein Sieb abgießen und abtropfen lassen.

4. Kichererbsen, Zwiebeln, Gemüse, Chiliringe, Knoblauch und den gehackten Koriander mit Aprikosen, Gewürzen und Öl in einer Tajine mischen und erwärmen. Zugedeckt bei mittlerer Hitze ca. 10 Minuten braten.

5. Dann das Safranwasser angießen, das Gemüse salzen und zugedeckt weitere 15 Minuten garen, bis die Kichererbsen weich sind und das Gemüse bissfest ist. Dabei ab und zu umrühren und bei Bedarf noch etwas Wasser angießen.

6. Inzwischen die Tomaten waschen und ohne die Stielansätze in kleine Würfel schneiden. Mit dem Honig und dem Zimt unter das Gemüse mischen und alles weitere 5 Minuten schmoren. Abschmecken und mit den übrigen Korianderblättchen bestreut servieren.

Dazu schmecken Naturjoghurt, mit Kreuzkümmel und Salz abgeschmeckt, und Couscous.

DIE VARIANTE | IM SCHMORTOPF aus Gusseisen gelingt das Rezept genau so gut. Alle Gemüsesorten einzeln darin anbraten, dann mit den Kichererbsen, den Gewürzen und dem Safranwasser mischen und auf dem Herd bei mittlerer Hitze zugedeckt etwa 15 Minuten schmoren.

ZWIEBEL-FRITTATA
mit Käse

DER FEINE EIERKUCHEN AUS ITALIEN WIRD DORT ALS VORSPEISE ODER ERSTER GANG SERVIERT. MIT SALAT IST ER ABER AUCH EIN SEHR GUTES HAUPTGERICHT.

Zutaten für 4 Portionen

400 g rote Zwiebeln

2 Knoblauchzehen

¼ Bund Thymian

5 in Öl eingelegte, getr. Tomaten

150 g ital. Schnittkäse (z. B. Asiago, Montasio oder Fontina)

2 EL Olivenöl

6 Eier (Größe M)

50 g frisch geriebener Pecorino

Salz, Pfeffer aus der Mühle

2 EL Butter

Zeitbedarf
▪ 40 Minuten

So geht's

1. Die Zwiebeln schälen, je nach Größe vierteln oder achteln und quer in feine Streifen schneiden. Den Knoblauch schälen und in dünne Scheiben schneiden. Den Thymian waschen und trocken schütteln, die Blättchen von den Zweigen streifen. Die Tomaten abtropfen lassen und würfeln. Den Käse bei Bedarf von der Rinde befreien und in kleine Würfel schneiden.

2. Das Öl in einer Pfanne erhitzen. Die Zwiebeln mit dem Knoblauch und dem Thymian hineingeben und bei mittlerer Hitze unter Rühren ca. 5 Minuten dünsten.

3. Die Eier in einer Schüssel verquirlen. Die Zwiebelmischung, den Käse und die Tomaten dazugeben und alles mit Salz und Pfeffer abschmecken.

4. Die Butter in der Pfanne zerlassen. Die Eiermischung hineingießen und bei schwacher Hitze ca. 10 Minuten garen, bis die Masse fest ist. Die Frittata vom Rand der Pfanne lösen und auf einen Teller gleiten lassen. Umgedreht wieder in die Pfanne stürzen. Weitere 10 Minuten backen, bis sie auch an der Unterseite braun ist. Die Frittata in Tortenstücke schneiden und servieren.

Dazu schmecken ein Blattsalat oder ein Tomatensalat.

TORTILLA
aus Kartoffeln

SIE DARF AUF DER TAPAS-THEKE NICHT FEHLEN – PUR WIE HIER ODER MIT DER PIKANTEN SPANISCHEN PAPRIKAWURST CHORIZO, MIT SCHINKEN ODER AUCH MIT GEMÜSE ANGEREICHERT.

Zutaten für 4 Portionen

800 g festkochende Kartoffeln

2 Knoblauchzehen

6 Zweige Thymian

6 EL Olivenöl

Salz, Pfeffer aus der Mühle

6 Eier (Größe M)

Zeitbedarf
▪ 50 Minuten

So geht's

1. Die Kartoffeln schälen, waschen und in dünne Scheiben schneiden oder hobeln. Den Knoblauch schälen und in sehr feine Scheiben schneiden. Den Thymian waschen, trocken schütteln und die Blättchen von den Zweigen streifen.

2. Die Hälfte des Olivenöls in einer Pfanne erhitzen, die Kartoffeln darin bei schwacher bis mittlerer Hitze unter Rühren etwa 5 Minuten dünsten. Knoblauch und Thymian unterrühren und alles weitere 5 Minuten garen. Kartoffeln mit Salz und Pfeffer würzen und die Pfanne vom Herd ziehen.

3. Die Eier in einer großen Schüssel verquirlen und mit Salz würzen. Die Kartoffeln unter die Eier mischen. Das restliche Öl in der Pfanne erhitzen, die Eier-Kartoffel-Mischung einfüllen und möglichst glatt streichen. Bei schwacher bis mittlerer Hitze ca. 10 Minuten braten. Die Tortilla auf einen Teller gleiten lassen und mit der ungebackenen Seite nach unten wieder in die Pfanne gleiten lassen. Die Tortilla in weiteren 5 Minuten fertig braten, auf dem ausgeschalteten Herd einige Minuten nachziehen lassen, dann in Tortenstücke teilen und servieren.

Dazu schmeckt Salat.

[a]

[c]

[d]

DAS IST
wirklich
WICHTIG

[a] ARTISCHOCKEN PUTZEN Den Stiel dicht an der Artischocke abschneiden. Dann rundherum alle kleinen Blätter mit den Fingern abzupfen und auch die größeren entfernen, bis das untere Ende der Blätter sichtbar fleischiger wird. Anschließend die oberen 2 cm der Artischocke mit einem Messer abschneiden. Wer will, kann nun auch noch die Spitzen der übrigen Blätter mit der Küchenschere abschneiden.

[b] GARPROBE Dazu die Artischocke mit dem Schaumlöffel aus dem Wasser fischen und gut abtropfen lassen. Dann ein Blatt abzupfen. Die Artischocken sind fertig, wenn sich das Blatt leicht herausziehen lässt.

[c] BLÄTTER ABZIEHEN Werden die Blätter in der Mitte dünn und zart, haben sie kaum mehr Fleisch. Diese Blätter mit den Fingern greifen und abziehen.

[d] HEU ENTFERNEN Unter den zarten Innenblättern liegt noch das faserige Heu. Dieses mit dem Messer direkt am Artischockenbodenfleisch abschneiden.

[b]

ARTISCHOCKEN
mit Aïoli

TYPISCH FRANZÖSISCH – EINE EINFACHE KÖSTLICHKEIT, FÜR DIE MAN SICH ZEIT LASSEN KANN UND MUSS. BLATT FÜR BLATT ABZUPFEN, IN DIE WÜRZIGE SAUCE TUNKEN UND GENIESSEN!

Zutaten für 4 Portionen

4 dicke, fleischige Artischocken (am besten französische)
....
Saft von 1 Zitrone
....
Salz

Für die Aïoli

1 Msp. Safranfäden
....
1 EL Zitronensaft (ersatzweise Weißweinessig)
....
1 sehr frisches zimmerwarmes Eigelb (Größe M)
....
⅛ l Olivenöl
....
2 Knoblauchzehen
....
1 Prise Chilipulver
....
Salz

Zeitbedarf
▪ 50 Minuten

So geht's

1. Die Artischocken waschen, putzen [→a] und in reichlich kochendem Wasser mit dem Zitronensaft und 1 sehr kräftigen Prise Salz 20–30 Minuten sprudelnd kochen lassen. Die Garprobe machen [→b], um festzustellen, ob die Artischocken fertig sind.

2. Inzwischen für die Aïoli die Safranfäden zwischen den Fingern zerreiben, mit dem Zitronensaft in einer Schüssel mischen und 10 Minuten einweichen lassen. Das Eigelb mit dieser Mischung mit einem Schneebesen verrühren. Das Öl anschließend tropfenweise unterschlagen, bis die Eigelbmischung dick und glänzend ist, dann das restliche Öl in einem dünnen Strahl dazufließen lassen, bis eine cremige Mayonnaise entstanden ist. Den Knoblauch schälen, durch die Knoblauchpresse drücken und mit dem Chilipulver unter die Mayonnaise rühren. Aïoli mit Salz abschmecken.

3. Die Artischocken in ein Sieb abgießen und gut abtropfen lassen. Die Aïoli auf Portionsschälchen verteilen. Zum Essen Blatt für Blatt abzupfen, mit dem fleischigen Ende in die Aïoli tunken. Artischockenfleisch zwischen den Zähnen vom Blatt streifen und essen. Zum Schluss den Artischockenboden freilegen, dazu die Blätter abziehen [→c] und das Heu entfernen [→d]. Den Boden mit Messer und Gabel essen und mit der Aïoli genießen.

Dazu schmeckt knuspriges Weißbrot, z. B. Baguette.

EINKAUFSTIPP | ARTISCHOCKEN Die großen kugeligen Artischocken haben fleischige Blätter und einen dicken Boden und stammen meist aus Frankreich. Sie sollten beim Einkauf prall und geschlossen aussehen und dürfen keine braunen Blätter haben. Ganz anders werden die kleinen, oft violetten und länglichen Artischocken zubereitet. Sie sind in Italien und in Südfrankreich beliebt und werden nach dem Putzen roh in hauchdünnen Scheiben, gebraten oder frittiert gegessen (siehe Variante).

Die Variante

Kleine Artischocken
In den Wintermonaten sind vor allem die kleinen, schmalen Artischocken auf dem Markt. Zum Putzen zunächst die dunklen äußeren Blätter abzupfen. Damit Sie nicht zu viele entfernen, machen Sie die „Beißprobe": Lässt sich das fleischige (helle) Blattende angenehm beißen, haben Sie genügend Blätter abgelöst. Nun das obere Drittel der übrigen Blätter mit dem Messer abschneiden. Den Stiel auf 3–4 cm kürzen und leicht spitz zulaufend schälen. Die Artischocke jetzt der Länge nach durchschneiden. Falls in der Mitte viel Heu zu sehen ist, schneiden Sie es einfach heraus. Zarte Mini-Artischocken jetzt einfach in dünne Scheibchen schneiden und roh essen, z. B. als Salat. Oder Sie schneiden sie etwas dicker und braten sie in 5–10 Minuten in Olivenöl an.

ZUCCHINIBLÜTEN
mit Käse gefüllt

ZART-AROMATISCHE BLÜTEN MIT CREMIGER RICOTTAFÜLLUNG – EINE EDLE
VORSPEISE AUS ITALIEN, DIE SIE IN ALLER RUHE VORBEREITEN KÖNNEN.
WENN DIE GÄSTE DA SIND, DIE BLÜTEN EINFACH KURZ IN DEN OFEN SCHIEBEN.

Zutaten für 4 Portionen

½ Bio-Zitrone

¼ Bund Minze

200 g Ricotta

4 EL frisch geriebener
Parmesan

Salz, Chilipulver

12 Zucchiniblüten (mit oder
ohne kleine Früchte), [→a]

12 Knoblauchzehen

400 g Cocktailtomaten

4 EL Olivenöl

besonderes Werkzeug
▪ eventuell ein Spritzbeutel

Zeitbedarf
▪ 30 Minuten
▪ 15 Minuten backen

So geht's

1. Die Zitronenhälfte heiß waschen und abtrocknen, die Schale dünn
abschneiden und fein hacken. Die Minze kalt abbrausen und trocken schütteln. Die Blättchen abzupfen und fein schneiden. Den
Ricotta mit Parmesan, Zitronenschale und Minze verrühren und
mit Salz und Chilipulver abschmecken.

2. Den Backofen auf 230 °C (Ober- und Unterhitze; Umluft 200 °C)
vorheizen. Eventuell Zucchinifrüchte waschen und längs einschneiden [→a]. Die Zucchiniblüten öffnen und den Stempel
entfernen [→b]. Die Ricottamischung in die Blüten füllen [→c],
die Blütenenden zusammendrehen. Die gefüllten Blüten nebeneinander in eine feuerfeste Form legen.

3. Die Knoblauchzehen schälen. Die Tomaten waschen und mit dem
Knoblauch zwischen den Zucchiniblüten verteilen. Das Öl über
den Blüten und den Tomaten verteilen. Die Zucchiniblüten im
heißen Ofen (Mitte) etwa 15 Minuten backen, bis sie schön gebräunt sind. Kurz ziehen lassen, dann mit den Tomaten servieren.

Dazu schmecken knuspriges Baguette oder Ciabatta.

Die Variante | Italien

Zucchiniblüten mit Fischfüllung
je ½ Bund Basilikum und
Petersilie, 2 Knoblauchzehen, 2 Frühlingszwiebeln,
1 Tomate, 200 g Doraden-
oder Wolfsbarschfilet (ohne
Haut), 1 Eiweiß, ½ TL abgeriebene Bio-Zitronenschale,
Salz, Pfeffer aus der Mühle,
12 Zucchiniblüten (mit oder
ohne Früchte), 2 EL Pinienkerne, 100 ml trockener
Weißwein, 4 EL Olivenöl

Kräuterblättchen abzupfen
und fein hacken. Den Knoblauch pressen, die Früh-
lingszwiebeln in feine Ringe
schneiden, die Tomate würfeln. Das Fischfilet würfeln
und mit dem Eiweiß fein pürieren. Kräuter, Knoblauch,
Zwiebelringe, Tomate und Zitronenschale untermischen.
Die Füllung salzen und pfeffern. Zucchiniblüten wie
links beschrieben (Schritt 2)
vorbereiten, füllen, in einer
feuerfesten Form verteilen
und Pinienkerne aufstreuen.
Wein angießen und das Öl
darüberträufeln. Zucchiniblüten wie links im Rezept
im Ofen garen.

DAS IST *wirklich* WICHTIG

[a] MIT STIEL ODER FRUCHT Leuchtend gelbe Blüten mit dünnem Stiel oder einer kleinen Zucchinifrucht an einem Ende sind im Handel zu haben. Frucht und Stiel können Sie mitessen. Damit die Minizucchini in der kurzen Garzeit bissfest werden, schneiden Sie sie nach dem Waschen der Länge nach in dünne Scheiben. Am Blütenende nur so weit einschneiden, dass die Scheiben noch zusammenhalten.

[b] BLÜTENSTEMPEL ENTFERNEN Biegen Sie die Zucchiniblüten vorsichtig auf. Am unteren Ende der Blüten sehen Sie den Stempel. Fassen Sie diesen mit den Fingerspitzen und drehen Sie ihn heraus. Blüten nicht waschen, eventuell vorhandenen Staub mit einem Pinsel entfernen.

[c] BLÜTEN FÜLLEN Die Ricottamischung mit einem Löffel oder einem Spritzbeutel in die Blüten füllen. Zum Verschließen die Enden der Blüten wie ein Bonbonpapier leicht verdrehen, damit nicht zu viel Füllung ausläuft.

KRÄUTER & GEWÜRZE
Mediterrane Vielfalt

DIE KRÄUTER UND GEWÜRZE DES MITTELMEERS MACHEN DAS WESEN DER MEDITERRANEN KÜCHE AUS. DIE PALETTE DER SÜDLÄNDISCHEN AROMEN REICHT DABEI VON KRÄFTIG BIS FEIN UND WECKT AUCH ZU HAUSE URLAUBSERINNERUNGEN.

DIE KRÄFTIGEN

Sie gehören zu Fleisch und Fisch vom Grill oder in den Schmortopf und geben erst beim Erhitzen richtig viel Aroma ab: Die Blätter vom **Lorbeer**strauch gibt es frisch und getrocknet. Da sie ein sehr starkes Aroma haben, genügen meist 1–2 Blätter. **Oregano** heißt auch wilder Majoran und gehört mit seinem leicht herben Aroma in jede Tomatensauce. Frischer **Salbei** entwickelt sein sehr intensives Aroma am besten beim Erhitzen, zum Beispiel in leicht schäumender Butter zu Ravioli oder zartem Kalbfleisch. **Thymian** würzt Fleisch, Fisch und Gemüse, passt sparsam eingesetzt und in Kombination mit etwas Honig aber auch zu Eis. **Rosmarin** schmeckt am besten, wenn die abgezupften Blättchen oder auch der ganze Zweig mitgebraten oder -geschmort werden. **Lavendel** – sowohl Blätter also auch Blüten – kann wie Rosmarin verwendet werden und passt auch sehr gut zu süßen Speisen.

DIE FRISCHEN

Diese Kräuter haben eine Menge Aroma im Gepäck, verlieren es aber schnell, wenn sie zu stark oder lange erhitzt werden. Deshalb die Blättchen erst kurz vor dem Servieren unter heiße Gerichte mischen oder nur aufstreuen: **Basilikum** gehört ins Pesto wie die Butter aufs Brot. Von den unterschiedlichen Sorten sind die mit den kleinen Blättern die aromatischs-

ten. Kaufen Sie Basilikum am besten im Töpfchen. **Borretsch** wird vor allem in Italien häufig verwendet, zum Beispiel in einer feinen Raviolifüllung. Wenn sie noch jung und zart sind, passen die behaarten Blätter auch in den gemischten Kräutersalat. **Minze** ist im Orient den ganzen Tag im Einsatz: als Tee, im Joghurt oder Salat, im Hackfleischteig ebenso wie als frische Würze auf dem Ragout. Minze mit besonders viel Aroma bekommen Sie im türkischen Lebensmittelgeschäft. **Rucola** mit dem herben, leicht scharfen Geschmack passt in fast jeden Salat, schmeckt aber auch kurz gegart wie Spinat.

DIE ÄTHERISCHEN

Sie würzen alle sehr intensiv und sollten deshalb nur sparsam verwendet werden: Das aromatische **Fenchelkraut** mit dem leichten Anisaroma wächst in Italien und anderen Mittelmeerländern an langen Stängeln, ohne eine Knolle auszubilden. Alternativ können Sie das Grün von einer Fenchelknolle mit etwas Dill mischen. Ebenfalls sehr würzig sind **Fenchelsamen**, die es getrocknet zu kaufen gibt. Diese können Sie durch die gleiche Menge **Anissamen** ersetzen.

FEIN GEMISCHT

Was in Italien, Spanien, Frankreich und Griechenland beim Kochen die Vielfalt der Kräuter ausmacht, das sind in der orientalischen Mittelmeerküche die Gewürze: **Safran** verleiht den Gerichten nicht nur eine schöne Farbe, sondern würzt auch intensiv. Die Aromen der Blütennarben einer Krokusart sind aber nicht fettlöslich und müssen darum vorher immer in Flüssigkeit (Wasser, Wein oder Brühe) eingeweicht werden, bis sie diese kräftig gefärbt haben. **Koriander** wird sowohl gemahlen aus den getrockneten Samen als auch häufig als frisches Grün verwendet. **Kreuzkümmel** heißt auch **Kumin**, sieht unserem Kümmel aber nur ähnlich und schmeckt völlig anders. **Zimt** wird in der orientalischen Küche, aber auch in Griechenland nicht nur für Süßes verwendet, sondern würzt auch Gerichte mit Fleisch und Geflügel. **Ras el-Hanout** ist eine Gewürzmischung aus Marokko, die aus mindestens 10, besser 20 verschiedenen Zutaten bestehen sollte. In jedem Fall dabei sind Pfeffer, mildes und scharfes Paprikapulver, Muskatnuss und -blüte, Gewürznelke, Ingwer, Kardamom, Zimt, Kurkuma und Piment. **Baharat** wird aus Pfeffer, Koriander, Zimt, Kreuzkümmel, Nelken, Kardamom, Muskat und Paprikapulver gemischt. **Harissa** ist eine ziemlich scharfe Paste aus Chilischoten (manchmal auch Paprika), Knoblauch, Öl und verschiedenen Gewürzen, die es fertig im Glas und in der Tube zu kaufen gibt.

KARTOFFELGRATIN
mit Kräutern

EINE KLASSISCHE BEILAGE, DIE IN GANZ FRANKREICH BELIEBT IST. IM SÜDEN
REICHERT MAN DIE SAHNIGEN KARTOFFELN GERNE MIT KRÄUTERN AN.

Zutaten für 4 Portionen

1 Knoblauchzehe
(nach Belieben)

50 g Butter

1 kg mehlig- oder vorwiegend
festkochende Kartoffeln

4 Zweige Thymian

1 Zweig Salbei

Salz, Pfeffer aus der Mühle

300 g Sahne (mit vorwiegend
festkochenden Kartoffeln nur
250 g)

100 ml Milch

Zeitbedarf
- 30 Minuten
- 45–50 Minuten backen

So geht's

1. Die Form nach Belieben mit Knoblauch einreiben [→a], dann mit
wenig Butter einfetten. Die Kartoffeln schälen, waschen und in
dünne Scheiben hobeln oder schneiden. Die Käuter waschen, trocken schütteln und die Blättchen von den Zweigen streifen bzw.
zupfen. Die Blättchen fein hacken.

2. Den Backofen auf 200 °C (Ober- und Unterhitze; Umluft 180 °C)
vorheizen. Die Kartoffeln in mehreren Schichten dachziegelartig
in eine flache, weite feuerfeste Form einschichten [→b]. Jede
Schicht mit Salz und Pfeffer leicht würzen und mit den gehackten
Kräutern bestreuen.

3. Die Sahne und die Milch mischen und seitlich in die Form gießen.
Die restliche Butter in kleine Würfel schneiden und auf der Oberfläche verteilen. Das Gratin im Ofen (Mitte) 45–50 Minuten backen. Die Garprobe machen. Dazu mit dem Messer in die Mitte
des Gratins stechen. Die Kartoffelscheiben müssen sich ohne
Widerstand einstechen lassen. Gratin heiß servieren [→c].

Die Variante | Frankreich

Kartoffel-Gemüse-Gratin
500 g vorwiegend festko-
chende Kartoffeln, 250 g
Zucchini, je 1 rote und gelbe
Paprikaschote, 1 große weiße oder rote Zwiebel, 4 Knoblauchzehen, je 4 Zweige
Thymian, Oregano und Pe-
tersilie, je 1 Zweig Rosmarin
und Salbei, Salz, Pfeffer aus
der Mühle, 8 EL Olivenöl,
5 EL trockener Weißwein

Kartoffeln, Zucchini, Paprika,
Zwiebel und Knoblauch wa-
schen und je nach Gemüse-
sorte putzen und schälen.
Gemüse in feine Scheiben
bzw. Streifen schneiden.
Kräuterblättchen abzupfen
bzw. abstreifen und fein hacken. Kartoffeln und Gemüse
in mehreren Schichten in eine feuerfeste Form legen,
dabei jeweils mit Salz, Pfeffer und Kräutern würzen. Öl
und Wein darüberträufeln.
Das Gratin im vorgeheizten
Ofen bei 180 °C (Ober- und
Unterhitze; Umluft 160 °C)
etwa 1 Stunde backen.

EINKAUFSTIPP | MEHLIG- ODER FESTKOCHEND **Die Kartoffelsorte ent-
scheidet über die nötige Flüssigkeitszugabe: Mehligkochende Kartoffeln
saugen mehr davon auf und das Gratin wird insgesamt etwas kompakter.
Bei vorwiegend festkochenden Kartoffeln brauchen Sie weniger Sahne
und die einzelnen Schichten kleben nicht so zusammen.**

[a]

[b]

DAS IST *wirklich* WICHTIG

[a] FÜR MEHR AROMA Halbieren Sie eine geschälte fleischige Knoblauchzehe und streichen Sie die Form mit den Schnittflächen aus, dann erst buttern. Für noch mehr Knoblaucharoma die Knoblauchzehe schälen, in feine Scheiben schneiden und mit den Kartoffeln einschichten.

[b] EINSCHICHTEN Damit die Kartoffeln gleichmäßig von Flüssigkeit durchzogen und dadurch gleichzeitig gar werden, sollten Sie sie möglichst dachziegelartig und flach einschichten.

[c] ZEIT LASSEN Das Gratin vor dem Servieren am besten 5 – 10 Minuten im ausgeschalteten Ofen stehen lassen. Falls noch nicht alle Flüssigkeit aufgesogen ist, verteilt sie sich in dieser Ruhezeit.

[c]

PAPRIKAGEMÜSE
mit Tomaten

Zutaten für 4 Portionen

- je 2 rote und gelbe Paprika-schoten
- 400 g Tomaten
- 1 rote oder weiße Zwiebel
- 1 frische rote Chilischote
- 2 EL Olivenöl
- Salz, Pfeffer aus der Mühle
- 1 Prise Zucker oder 1 Msp. Honig
- ¼ Bund Petersilie

Zeitbedarf
- 1 Stunde

So geht's

1. Den Backofen auf 250 °C (Ober- und Unterhitze; Umluft 220 °C) vorheizen. Die Papri-kaschoten halbieren und put-zen. Mit der Schnittfläche nach unten auf ein Blech mit Backpapier setzen und im Ofen (Mitte) etwa 20 Minuten backen, bis die Haut dicke dunkelbraune Blasen wirft. Die Schoten in einen Gefrier-beutel geben und etwas ab-kühlen lassen. Dann mit der Messerspitze in die Blase ste-chen und die Haut in mög-lichst großen Stücken abzie-hen. Paprika in Streifen schneiden.

2. Während die Schoten im Ofen sind, die Tomaten häuten (sie-he Seite 83) und achteln. Die Zwiebel schälen, vierteln und in feine Streifen schneiden. Die Chilis waschen, putzen und samt den Kernen in dün-ne Ringe schneiden.

3. Das Öl in einem weiten Topf erhitzen, die Zwiebelstreifen darin bei schwacher Hitze un-ter Rühren in ca. 10 Minuten bissfest garen. Paprikastrei-fen, Chili und Tomatenachtel dazugeben und nur erhitzen. Alles mit Salz, Pfeffer und Zu-cker oder Honig abschme-cken. Die Petersilie waschen und trocken schütteln, die Blättchen fein hacken und über das Gemüse streuen.

OKRA-TOPF
mit Kalb

Zutaten für 4 Portionen

- 1 Zwiebel
- 2 Knoblauchzehen
- 1 frische rote Chilischote
- 1 Bio-Limette
- 4 EL Olivenöl
- 500 g Kalbsgulasch
- 400 ml Fleisch- oder Gemüse-brühe
- 1 EL Tomatenmark
- 500 g kleinere Okraschoten (Feinkosthandel oder türk. Lebensmittelladen)
- ½ Bund Petersilie
- Salz, schwarzer Pfeffer aus der Mühle

Zeitbedarf
- 30 Minuten
- 1 Stunde schmoren

So geht's

1. Zwiebel und Knoblauch schä-len. Chili waschen, entstielen und mit Zwiebel und Knob-lauch sehr fein hacken. Die Li-mette waschen und abtrock-nen, die Schale fein abreiben, den Saft auspressen.

2. Das Öl in einem Topf erhitzen. Das Kalbfleisch darin bei star-ker Hitze in 2 Portionen rund-herum kräftig anbraten. Alles Fleisch zurück in den Topf ge-ben, die Zwiebelmischung un-terrühren und kurz andüns-ten. Brühe und Limettensaft angießen und das Tomaten-mark unterrühren. Das Fleisch zugedeckt bei schwa-cher Hitze etwa 45 Minuten schmoren.

3. Inzwischen die Okraschoten waschen. Die Stiele kürzen, dabei nicht in die Schoten schneiden, sonst läuft beim Garen der Pflanzensaft aus und macht das Ragout schlei-mig. Die Schoten mit der Li-mettenschale zum Fleisch ge-ben und weitere 15 Minuten schmoren.

4. Währenddessen die Petersilie waschen und trocken schüt-teln. Die Blättchen fein ha-cken. Das Ragout salzen und pfeffern und mit der Petersilie bestreut servieren.

Dazu schmecken Fladenbrot oder Reis.

MOUSSAKA
mit Auberginen

Zutaten für 4 Portionen

2 Auberginen (ca. 600 g)

Salz

5 EL Olivenöl

400 g Tomaten

2 Zwiebeln

2 Knoblauchzehen

2 TL getr. Thymian

500 g gemischtes Hackfleisch

⅛ l trockener Weißwein

1 – ½ TL Zimtpulver

Pfeffer aus der Mühle

40 g Butter
+ Butter für die Form

30 g Mehl

600 ml Milch

100 g Kefalotiri (griech. Schafs-
und Ziegenkäse) oder Feta
(Schafskäse)

Zeitbedarf
- 1 Stunde
- 40 Minuten backen

So geht's

1. Die Auberginen waschen und die Enden abschneiden. Die Auberginen quer in etwa 0,5 cm dicke Scheiben schneiden und salzen. In einer Pfanne nach und nach 4 EL Olivenöl erhitzen und die Auberginen darin portionsweise von beiden Seiten bei mittlerer Hitze braten, bis sie leicht braun sind. Beiseitestellen.

2. Für eine Hacksauce aus den Tomaten den Stielansatz mit einem kleinen Messer keilförmig herausschneiden. Die Tomaten in einer Schüssel mit kochendem Wasser überbrühen, kurz ziehen lassen, bis die Haut anfängt sich zu lösen, dann abgießen, abschrecken und häuten (siehe Seite 83). Die Tomaten in kleine Würfel schneiden. Die Zwiebeln und den Knoblauch schälen und fein würfeln.

3. Das restliche Öl (1 EL) in einem Topf erhitzen, Zwiebeln, Knoblauch und Thymian darin bei mittlerer Hitze 1 – 2 Minuten andünsten. Das Hackfleisch dazugeben und unter Rühren bei mittlerer bis starker Hitze braten, bis es nicht mehr rot und krümelig ist. Tomatenwürfel und Wein unterrühren. Die Sauce mit Salz, Zimt und Pfeffer würzen und offen bei schwacher Hitze etwa 15 Minuten köcheln lassen, bis sie sämig ist.

4. Inzwischen für eine Béchamelsauce in einem Topf 30 g Butter bei mittlerer Hitze schmelzen lassen. Das Mehl dazugeben und unter Rühren goldgelb anschwitzen, dann die Milch unter kräftigem Schlagen mit einem Schneebesen dazufließen lassen. Die Sauce einmal aufkochen, dann offen bei schwacher Hitze etwa 10 Minuten köcheln lassen. Béchamel etwas abkühlen lassen und mit Salz und Pfeffer abschmecken.

5. Den Käse entrinden und reiben oder den Feta zerkrümeln. Den Backofen auf 200 °C (Ober- und Unterhitze; Umluft 160 °C) vorheizen. Eine große rechteckige feuerfeste Form einfetten.

6. Die Form mit etwas Béchamel ausgießen. Dann abwechselnd Auberginenscheiben, Hacksauce und Béchamel in die Form schichten. Mit Béchamel abschließen. Den Käse aufstreuen und mit der übrigen Butter in kleinen Würfeln belegen. Moussaka im Ofen (Mitte) etwa 40 Minuten backen, bis die Oberfläche schön gebräunt ist. Vor dem Servieren kurz ruhen lassen, dann in Stücke schneiden und auf Tellern verteilen.

DAS IST
wirklich
WICHTIG

[a] **SALATSAUCE ANRÜHREN** Wenn Sie das Öl nach und nach einfließen lassen und dabei immer kräftig mit einer Gabel oder einem kleinen Schneebesen rühren, wird die Sauce schön sämig. Dann verbindet sie sich besser mit den Salatzutaten.

NIZZA-SALAT
mit Kartoffeln

ES GIBT WAHRSCHEINLICH SO VIELE VARIANTEN DES „SALADE NICOISE",
WIE ES KÖCHE GIBT. ABER OB MIT ODER OHNE KARTOFFELN, MIT EI ODER
MIT GRÜNEN BOHNEN, EINS IST SICHER: ER IST EINFACH KÖSTLICH.

Zutaten für 4 – 6 Portionen

250 g festkochende Kartoffeln

Salz

ein paar Zweige Bohnenkraut oder Thymian (nach Belieben)

250 g grüne Bohnen

4 Eier (Größe M)

4 Frühlingszwiebeln

250 g feste Tomaten

1 kleine Salatgurke (ca. 200 g)

1 gelbe Paprikaschote

1 kleiner Salatkopf (Kopfsalat oder Burgundersalat)

4 EL Zitronensaft

1 TL Dijon-Senf

Pfeffer aus der Mühle

9 EL bestes Olivenöl

12 in Öl eingelegte Sardellenfilets

100 g schwarze Oliven

Zeitbedarf
▪ 45 Minuten

So geht's

1. Die Kartoffeln waschen und in der Schale in wenig Salzwasser in 20 – 30 Minuten weich, aber nicht zu weich kochen. Abgießen und ausdampfen lassen.

2. Schon während die Kartoffeln garen in einem weiteren Topf Salzwasser zum Kochen bringen, nach Belieben Kräuter dazugeben. Inzwischen die Bohnen waschen und die Enden abschneiden. Wenn sich dabei Fäden mit ablösen, diese einfach auf beiden Seiten abziehen. Die Bohnen je nach Größe halbieren oder dritteln und im kochenden Wasser etwa 8 Minuten sprudelnd kochen lassen, bis sie bissfest sind. In ein Sieb abgießen, kalt abschrecken und abtropfen lassen.

3. Die Eier in einem Topf mit Wasser bedecken, zum Kochen bringen und in etwa 10 Minuten hart kochen, kalt abschrecken und abkühlen lassen. Von den Frühlingszwiebeln die Wurzelenden und die welken grünen Teile abschneiden. Die Zwiebeln mit dem knackigen Grün in breitere Ringe schneiden. Tomaten, Gurke und Paprika waschen. Tomaten in Spalten schneiden, dabei die Stielansätze herausschneiden. Die Gurke längs halbieren und quer in Scheiben schneiden. Die Paprika vierteln, den Stiel und die Trennhäuten mitsamt den Kernen entfernen. Die Viertel in Streifen teilen.

4. Die Salatblätter auseinander lösen, gründlich waschen und trocken schütteln. In mundgerechte Stücke zupfen und mit Tomaten, Gurke, Paprika, Zwiebelringen und Bohnen in einer großen Schüssel mischen. Die Kartoffeln schälen, in mundgerechte Stücke schneiden und unterheben.

5. Für eine Vinaigrette den Zitronensaft mit Senf, Salz und Pfeffer verrühren und das Öl unterschlagen [→a]. Die Salatsauce mit den Zutaten in der Schüssel locker mischen. Den Salat abschmecken und auf vier Tellern verteilen.

6. Die Eier pellen und vierteln. Die Sardellenfilets abtropfen lassen und mit den Eivierteln und den Oliven auf dem Salat verteilen.

Dazu am besten knuspriges, frisches Baguette servieren.

FISCH
& MEERESFRÜCHTE

VIELE TRADITIONELLE MEDITERRANE GERICHTE HABEN IHRE WURZELN IM REICHTUM DES MITTELMEERS. DENN NIRGENDS SONST GIBT ES EINE SO GROSSE AUSWAHL AN FRISCHEM FISCH UND MEERESFRÜCHTEN WIE DIREKT AN DEN KÜSTEN. AUF VIELFÄLTIGE ART UND WEISE ZUBEREITET, BEREICHERN SIE DORT TÄGLICH DEN SPEISEPLAN.

FISCH
im Salzmantel

ÜBERALL AN DEN ITALIENISCHEN KÜSTEN KANN MAN DIESE ZUBEREITUNGSART FINDEN – MANCHMAL AUCH MIT KRÄFTIGEN KRÄUTERN WIE THYMIAN ODER ROSMARIN ODER PFEFFER IM SALZTEIG.

Zutaten für 4 Portionen

1 großer Fisch (z. B. Wolfsbarsch oder Dorade; küchenfertig; 1–1,2 kg)

1 Bio-Zitrone

Pfeffer aus der Mühle

2½ kg grobkörniges Salz

2 Eiweiß

besonderes Werkzeug
▪ Hammer

Zeitbedarf
▪ 20 Minuten
▪ 30 Minuten backen

So geht's

1. Den Backofen auf 250 °C (Ober- und Unterhitze; Umluft 230 °C) vorheizen. Den Fisch abbrausen und trocken tupfen. Die Zitrone waschen und in dünne Scheiben schneiden. Fischbauch pfeffern, die Zitronenscheiben darin verteilen.

2. Salz, Eiweiße und so viel Wasser (ca. 100 ml) verrühren, dass sich alles wie feuchter Sand in Form drücken lässt. Ein Backblech mit Backpapier auslegen, den Fisch darauflegen und im Salz verpacken [→a].

3. Den Fisch im Salzmantel im Ofen (Mitte) ca. 30 Minuten garen. Dann die Kruste vorsichtig öffnen [→b]. Den Fisch ohne die Haut filetieren und am besten auf vorgewärmten Tellern servieren.

Dazu gibt es knuspriges Weißbrot, einen Salat und frisches Olivenöl zum Beträufeln, nach Belieben auch Zitronensauce (siehe unten).

DAZU PASST | ZITRONENSAUCE **Dafür den Saft von 1 Zitrone mit 1–2 TL Mosto cotto (ital. Mostkonzentrat; ersatzweise Honig), Salz und Pfeffer verrühren. Die doppelte Menge Olivenöl mit einer Gabel oder einem Schneebesen cremig unterschlagen.**

Die Variante | Frankreich

Rotbarben-Päckchen
8 mittelgroße frische Rotbarben (küchenfertig), Salz, Pfeffer aus der Mühle, 1 Bio-Orange, 2 Zweige Rosmarin, 1 Zweig Salbei, 1 Stange Staudensellerie, 100 g schwarze Oliven, 1 Zwiebel, 4 Knoblauchzehen, 6 EL Olivenöl

Rotbarben kalt abbrausen, trocken tupfen, innen und außen salzen und pfeffern. Die Orange mit der Schale in dünne Scheiben schneiden, Scheiben halbieren. Kräuterblättchen hacken. Sellerie in feine Scheiben schneiden. Die Zwiebel vierteln und quer in Streifen, den Knoblauch in Scheiben schneiden. Beides mit Orangenscheiben, Sellerie und Oliven mischen, Öl unterrühren, salzen und pfeffern und die Hälfte auf 8 große Stücke Backpapier verteilen. Die Fische darauflegen und mit dem Rest der Orangen-Mischung bedecken. Päckchen falten, auf ein Backblech legen und die Fische im heißen Ofen bei 200 °C (Ober- und Unterhitze; Umluft 180 °C) etwa 25 Minuten garen.

DAS IST
wirklich
WICHTIG

[a] GUT VERPACKEN Die Hälfte vom Salz so auf dem mit Backpapier belegten Blech verteilen, dass der Fisch im Ganzen darauf Platz hat. Den Fisch darauflegen. Häufen Sie jetzt das übrige Salz darüber und drücken es mit den Händen so über dem Fisch fest, dass er ganz davon bedeckt und gut verschlossen ist.

[b] KRUSTE AUFBRECHEN Nach dem Backen ist die Kruste ziemlich hart. Schlagen Sie leicht mit einem Hammer darauf und lösen Sie das Salz dann Stück für Stück vorsichtig ab.

[b]

SEETEUFEL
mit roher Tomatensauce

WÜRZIGE UND SOMMERLICH-LEICHTE FISCHKÜCHE, WIE MAN SIE IN SIZILIEN LIEBT –
AUS AROMATISCHEN TOMATEN UND FEINEN MANDELN MIT WÜRZIGEM MITTELMEERFISCH.

Zutaten für 4 Portionen

300 g Tomaten

je ½ Bund Petersilie und Basilikum

100 g geschälte Mandeln

2 Knoblauchzehen

2 in Öl eingelegte Sardellenfilets

1 EL Kapern (Glas)

6 EL Olivenöl

Salz, Chilipulver

8 Seeteufelkoteletts
(je ca. 100 g; ersatzweise Wolfsbarschfilets)

Pfeffer aus der Mühle

besonderes Werkzeug
- Küchenmaschine oder Pürierstab

Zeitbedarf
- 50 Minuten

So geht's

1. Für die rohe Tomatensauce die Tomaten waschen, halbieren und die Stielansätze herausschneiden. Die Tomatenhälften grob würfeln. Die Kräuter waschen und trocken schütteln, die Blättchen abzupfen und grob hacken. Die Mandeln mit einem großen schweren Messer ebenfalls grob hacken. Den Knoblauch schälen und klein würfeln. Sardellenfilets und Kapern abtropfen lassen.

2. Alle vorbereiteten Zutaten mit 3 EL Olivenöl in einen hohen Rührbecher füllen und mit einem Pürierstab oder in einer Küchenmaschine zu einer Sauce zerkleinern. Die rohe Tomatensauce mit Salz und Chilipulver abschmecken.

3. Die Seeteufelkoteletts kalt abbrausen und trocken tupfen. Den Fisch auf beiden Seiten mit Salz und Pfeffer würzen. Das restliche Olivenöl in einer Pfanne erhitzen und die Koteletts darin bei mittlerer bis starker Hitze 2–3 Minuten braten, umdrehen und noch einmal so lange braten. Fisch sofort auf Tellern verteilen und mit der rohen Tomatensauce servieren.

Dazu schmecken Ciabatta und Rucolasalat.

GEGRILLTER FISCH
mit Minze

EIN EINFACHES, ABER RAFFINIERTES FISCHGERICHT AUS ÄGYPTEN, DAS DORT
AN DER KÜSTE BESONDERS GERN MIT BARSCH ZUBEREITET WIRD.

Zutaten für 4 Portionen

1 kleines Bund Petersilie

¼ Bund Minze

4 Knoblauchzehen

2 TL Kreuzkümmelsamen

1 Bio-Zitrone

Salz, Pfeffer aus der Mühle

1 TL rosenscharfes Paprikapulver

6 EL Olivenöl

4 mittelgroße Brassen (z. B.
Goldbrassen; küchenfertig;
je ca. 400 g)

Öl für den Grillrost

besonderes Werkzeug
- Mörser
- Grill

Zeitbedarf
- 35 Minuten

So geht's

1. Die Kräuter waschen und trocken schütteln, die Blättchen von den Stielen zupfen und
fein hacken. Den Knoblauch schälen und in dünne Scheiben schneiden.

2. Für ein Würzöl die Kreuzkümmelsamen in einer Pfanne ohne Fett bei mittlerer Hitze
anrösten, anschließend im Mörser leicht andrücken. Die Zitrone heiß waschen und abtrocknen, die Schale so dünn abschneiden, dass die darunterliegende Haut nicht mit
entfernt wird. Dafür eignet sich am besten ein kleines, sehr scharfes Messer oder ein
Sparschäler. Die Zitronenschale fein hacken. Den Saft einer Zitronenhälfte auspressen.
2 EL Zitronensaft mit Salz, Pfeffer, Paprikapulver und Kreuzkümmel mischen, dann das
Öl nach und nach mit einer Gabel unterschlagen, bis eine cremige Sauce entsteht.

3. Die Brassen unter fließendem kaltem Wasser gründlich abbrausen und, falls nötig,
schuppen. Dafür die Schuppen mit dem Rücken eines großen Messers in Richtung Kopf
abschaben. Die Brassen trocken tupfen und die Haut auf beiden Seiten mit einem
scharfen Messer im Abstand von etwa 2 cm einschneiden. Dabei nicht zu tief ins Fischfleisch schneiden.

4. Die Fische innen mit Salz und Pfeffer würzen und den Knoblauch, die Zitronenschale
und die Kräuter darin verteilen. Jeweils 1 TL Würzöl in die Bauchhöhlen träufeln. Die
Fische mit dem restlichen Würzöl einpinseln oder einreiben.

5. Den Grill anheizen und einen Grillrost mit Öl einpinseln. Die Fische auf den Rost legen
und bei mittlerer direkter Hitze (etwa 15 cm über der Glut) 6–8 Minuten grillen, dann
wenden und noch mal so lange grillen. Die Fische heiß servieren.

Dazu schmecken Fladenbrot und Blattsalat.

GARNELEN
in Tomatensauce

GARNELEN UND TOMATEN SIND EINE IDEALE KOMBINATION UND ÜBERALL AM MITTELMEER BELIEBT.
EINE TÜRKISCHE VARIANTE WIRD MIT TOMATEN UND PAPRIKA EBENFALLS IM OFEN ZUBEREITET.

Zutaten für 4 Portionen

700 g rohe Garnelen in der Schale

600 g Tomaten

1 Bund Frühlingszwiebeln

4 Knoblauchzehen

3 EL Olivenöl

Salz, Pfeffer aus der Mühle

½ Bund Petersilie

150 g Feta (Schafskäse)

Zeitbedarf
- 35 Minuten
- 12 Minuten backen

So geht's

1. Die Garnelen aus den Schalen lösen und den Darm, falls nötig, entfernen (siehe Seite 13). Garnelen kalt abbrausen, trocken tupfen und nebeneinander in eine feuerfeste Form legen.

2. Mit einem kleinen Messer aus den Tomaten den Stielansatz keilförmig herausschneiden. Die Tomaten in einer Schüssel mit kochendem Wasser überbrühen, kurz ziehen lassen, bis die Haut anfängt sich zu lösen, dann abgießen, abschrecken, häuten (siehe Seite 83) und in kleine Würfel schneiden. Die Frühlingszwiebeln waschen und die Wurzelenden und die welken grünen Teile abschneiden. Die Zwiebeln samt dem Grün in feine Ringe schneiden. Den Knoblauch schälen und in feine Scheiben schneiden.

3. In einer Pfanne 1 EL Öl erhitzen und Frühlingszwiebeln und Knoblauch darin bei mittlerer Hitze 1–2 Minuten andünsten. Die Tomatenwürfel unterrühren und offen etwa 5 Minuten köcheln lassen.

4. Inzwischen den Backofen auf 220 °C (Ober- und Unterhitze; Umluft 200 °C) vorheizen. Die Garnelen leicht salzen und pfeffern. Die Tomatensauce mit Salz und Pfeffer abschmecken und über den Garnelen in der Form verteilen.

5. Die Petersilie waschen und trocken schütteln, die Blättchen abzupfen. Den Feta fein zerkrümeln und mit den Petersilienblättern auf die Garnelen streuen. Alles mit dem restlichen Olivenöl beträufeln. Die Garnelen im heißen Ofen etwa 12 Minuten backen, bis sie sich rötlich verfärben und der Käse leicht gebräunt ist. Heiß servieren.

Dazu schmecken frisches Fladenbrot oder Bulgursalat (Rezept siehe unten).

DAZU PASST | BULGURSALAT MIT MINZE
400 ml Gemüsebrühe, 200 g feiner Bulgur, 1 kleines Bund Minze, 1 Bio-Zitrone, 1 TL Tomatenmark, Salz, Pfeffer aus der Mühle, 5 EL Olivenöl Die Brühe in einem Topf zum Kochen bringen, den Bulgur einrühren, vom Herd ziehen und zugedeckt in etwa 20 Minuten quellen und weich werden lassen. Die Minze waschen, trocken schütteln und die Blättchen sehr fein hacken. Die Zitrone waschen und die Schale abreiben. Den Saft einer Zitronenhälfte auspressen. In einer Schüssel 2 EL Zitronensaft mit dem Tomatenmark, Salz und Pfeffer verrühren. Das Öl nach und nach zu einer cremigen Sauce unterschlagen. Die Minze und die Zitronenschale unterrühren. Bulgur in die Schüssel füllen, gut mit der Sauce vermengen und abschmecken.

TÜRKEI

Das Tor zum Orient

DAS LAND IST REICH AN KÖSTLICHEN ZUTATEN.
GETREIDE UND ZAHLREICHE OBST- UND GEMÜSE-
SORTEN WERDEN ANGEBAUT UND MACHEN DIE
TÜRKISCHE KÜCHE ABWECHSLUNGSREICH UND
BUNT, AUSGEWOGEN UND ANGENEHM FRISCH –
BALSAM FÜR LEIB UND SEELE.

HAUPTSACHE VIELSEITIG

Groß ist das Land und groß seine kulinarische Vielfalt. Entwickelt hat sich diese aus der Küche der Nomaden, die früher mit ihren Herden durch das Land zogen. Dazu kamen Einflüsse aus Indien, Persien, aber auch aus dem Mittelmeerraum. Noch heute spürt man die Nähe zu Europa, vor allem die zu Griechenland – die Vorliebe für Auberginen ebenso wie die zu Joghurt, Hirtensalat, Schafskäse, gefüllten Weinblättern und Lamm verbindet die beiden Länder. Die besten Pistazien werden in Anatolien, dem Gebiet der Türkei, das auf dem asiatischen Kontinent liegt und deshalb auch als Kleinasien bezeichnet wird, angebaut. Und so zahlreich die Einflüsse sind, so opulent ist auch das, was auf den Tisch kommt. Selten ist das nur ein einzelnes Gericht – je bunter die Auswahl, umso besser. Berühmt sind „mezze", viele verschiedene Vorspeisen, die immer zusammen mit Fladenbrot serviert werden. Dazu gibt es Raki, den mit Wasser aufgefüllten Anisschnaps, Wein, Ayran – mit Wasser verdünnter Joghurt – oder auch einfach Tee.

GELERNT IST GELERNT

Überall in der Türkei findet man Spezialitätengeschäfte, die nur ein Gericht anbieten – zum Beispiel verlockende Suppen, zubereitet vom „corbaci", dem Suppenkoch. Andere Geschäfte sind auf die Herstellung von besonders guten Fleischbällchen, dem besten Baklava oder

pikanten und süßen Pasteten aus hauchdünnen Yufka-Teigblättern spezialisiert. Der Grund ist schnell gefunden: In der Palastküche des Osmanischen Reichs wurde gern und ausgiebig geschlemmt. Und so waren in der riesigen Küche im Topkapi-Palast in Istanbul nicht nur ein paar Köche angestellt, sondern eine ganze Heerschar von Spezialisten. Kein Wunder, dass sich die türkische Küche immer mehr verfeinert hat! Und ein Glück, denn daraus formte sich die Besonderheit die türkisches Essen auszeichnet: nichts ist überwürzt und keine Zutat dominiert. Ausgewogenheit steht an erster Stelle – sowohl was den Geschmack als auch das Aussehen betrifft. Dieser Grundsatz wird ebenfalls auf die verschiedenen Gerichte der Mezze-Tafel übertragen: Die gemeinsam aufgetischten Speisen sollen sich ergänzen und nicht miteinander in Konkurrenz treten.

REICH AN SPEZIALITÄTEN

Nicht nur der Döner Kebap ist bei uns inzwischen zu einem allseits bekannten und beliebten Imbiss geworden. Wir lieben die türkische Pizza „lahmacun" ebenso wie die saftigen „köfte", den Bulgursalat, das saftige Lamm und die zahlreichen Gemüsespezialitäten – als Salat oder Gemüse, zu Puffern verarbeitet oder zu Pasten gemischt, gefüllt, gebraten oder würzig eingelegt. Wem es möglich ist, der sollte auch hierzulande zu einem türkischen Lebensmittelhändler gehen. Dort kann man sicher sein, gute Qualität zu bekommen, denn Türken haben hohe Ansprüche und würden sich nie mit minderer Ware zufrieden geben.

HERZENSSACHE

In der Türkei ist das Essen eine gesellige Angelegenheit. Häufig trifft sich die ganze Familie oder sehen sich Freunde zu einem großen Picknick am Strand oder auf dem Land. Nicht selten wird dann ein ganzes Lamm über dem Feuer auf dem Spieß gedreht und, begleitet von zahlreichen Beilagen, im großen Kreis genossen. Dabei ist es fast eine Selbstverständlichkeit, dass auch einmal vorbeikommende Fremde dazu eingeladen werden am Essen teilzunehmen, oder zumindest zu einem heißen Tee im typischen tulpenförmigen kleinen Glas zu bleiben. Gastfreundschaft wird in der Türkei großgeschrieben und ist ein Freundschaftsangebot. Wer das ablehnt, stößt auf großes Unverständnis und den Gastgeber vor den Kopf!

MUSCHELN
im Weißweinsud

ZARTE MUSCHELN IN EINEM WÜRZIGEN SUD – MIT FRISCHEM BAGUETTE ZUM
AUFTUNKEN EIN EINFACHER UND DABEI GANZ BESONDERER GENUSS.

Zutaten für 4 Portionen

1 Zwiebel

4 Knoblauchzehen

1 Fenchelknolle (ersatzweise
2 Stangen Staudensellerie)

2 Tomaten

4 Zweige Thymian oder 1 Zweig
Rosmarin

2 kg Miesmuscheln

2 EL Olivenöl

¼ l trockener Weißwein

2 Lorbeerblätter

Salz, Pfeffer aus der Mühle

Zeitbedarf
- 30 Minuten

So geht's

1. Die Zwiebel und den Knoblauch schälen und fein hacken.
Den Fenchel waschen, putzen und achteln, vom Strunk befreien
und in Streifen schneiden. Die Tomaten häuten (siehe Seite 83)
und klein würfeln. Die Kräuter waschen und trocken schütteln.

2. Die Muscheln waschen [→a] und, falls nötig, entbarten [→b].

3. Das Öl in einem großen Topf erhitzen. Zwiebel, Knoblauch und
Fenchel darin bei mittlerer Hitze 2–3 Minuten anbraten. Wein und
Tomaten mit den Kräutern und dem Lorbeer dazugeben, aufko-
chen lassen und mit Salz und Pfeffer würzen.

4. Die Muscheln in den Topf geben und zugedeckt etwa 5 Minuten
garen [→c]. Zwischendurch den Topf gut rütteln.

5. Die gegarten Muscheln mit dem Sud in tiefe Teller geben. Die
erste Muschel mit der Gabel aus der Schale lösen. Danach kann
ein Schalenpaar als Besteck umfunktioniert werden. Die Muscheln
damit greifen und sich schmecken lassen.

Zum Auftunken des Suds reichlich knuspriges Weißbrot dazu
servieren.

Die Variante | Italien

Venusmuscheln mit Pasta
1 kg Venusmuscheln, 2 To-
maten, ¼ l trockener Weißwein, Salz, Pfeffer aus der
Mühle, 4 Knoblauchzehen,
4 EL gehackte Petersilie,
1 getr. Chilischote (nach
Belieben), 2 EL Olivenöl

Muscheln wie Venusmu-
scheln waschen. Tomaten
häuten (siehe Seite 83), würfeln und mit Wein in einem
großen Topf aufkochen, salzen und pfeffern. Muscheln
dazugeben und darin zuge-
deckt etwa 5 Minuten garen,
dann in ein Sieb abgießen,
den Sud dabei auffangen.
Anschließend den Sud durch
eine Filtertüte gießen. Knoblauch hacken und mit Petersilie und nach Belieben zer-
krümelter Chili im heißen Öl
anbraten. Sud dazugeben
und um die Hälfte einkochen
lassen. Die Hälfte der Muscheln aus den Schalen lösen und mit den restlichen
Muscheln in der Schale im
Sud erwärmen, abschme-
cken und mit frisch gekochten Spaghetti mischen.

**EINKAUFSTIPP | GUTE MUSCHELN kommen aus kühlen Gewässern. Das
ist auch der Grund dafür, dass sie in den kühlen Monaten vom Herbst bis
ins Frühjahr am besten schmecken.**

DAS IST *wirklich* WICHTIG

[a] WASCHEN Muscheln kauft man lebend. Man erkennt das daran, dass die Schalen geschlossen sind oder sich sofort schließen, wenn man sie berührt oder kalt abbraust. Nach dem Waschen geöffnete Muscheln aussortieren und wegwerfen!

[b] ENTBARTEN In der Regel kommen Muscheln heute geputzt in die Vitrine des Fischgeschäftes. Ist doch einmal ein feines Geflecht auf den Schalen zu sehen, diese so genannten Bärte einfach mit dem Messer lösen und abziehen.

[c] NUR KURZ GAREN Zu lange gegart, werden Muscheln zäh. Schauen Sie deshalb schon nach ein paar Minuten in den Topf. Haben sich die Schalen geöffnet, sind die Muscheln gar. Alle, die sich jetzt nicht geöffnet haben, müssen Sie unbedingt aussortieren.

[a]

[b]

[d]

DAS IST *wirklich* WICHTIG

[a] KÖRPER UND FANGARME TRENNEN
Den Körper der Tintenfische mit der einen Hand festhalten, die Fangarme mit der anderen Hand mitsamt dem Kopf herausziehen. Fangarme dann so vom Kopf abschneiden, dass sie wie durch einen schmalen Ring noch miteinander verbunden bleiben.

[b] KAUWERKZEUG ENTFERNEN Falls sie noch vorhanden sind, aus der Mitte der abgeschnittenen Fangarme die Kauwerkzeuge herausdrücken. Das Stück mit einer Hand halten und mit dem Daumen der anderen Hand die Kauwerkzeuge von unten nach oben herausdrücken.

TINTENFISCHE
gefüllt und gegrillt

DIE FEIN GEFÜLLTEN TINTENFISCHE SERVIERT MAN IN ITALIEN VON LIGURIEN BIS ZUR STIEFELSPITZE – MIT IMMER WIEDER ANDEREN FÜLLUNGEN, MAL MIT BROT, MAL MIT KARTOFFELN ALS GRUNDLAGE.

Zutaten für 4 Portionen

700 g mittelgroße Tintenfische (küchenfertig)

100 g altbackenes Weißbrot

½ Bio-Zitrone

1 Bund Petersilie

2 Knoblauchzehen

4 in Öl eingelegte Sardellenfilets

1 getr. Chilischote

1 Ei (Größe S)

Salz, Pfeffer aus der Mühle

Olivenöl für den Grillrost oder die Grillpfanne

besonderes Werkzeug
- Zahnstocher
- Grill oder Grillpfanne

Zeitbedarf
- 40 Minuten
- 15 Minuten grillen

So geht's

1. Die Tintenfische putzen, dazu die Fangarme abschneiden [→a] und bei Bedarf die Kauwerkzeuge entfernen [→b]. Die Fangarme für die Füllung klein schneiden.

2. Für die Füllung das Brot in lauwarmem Wasser einweichen. Die Zitronenhälfte heiß waschen und abtrocknen, die Schale fein abreiben. Petersilie waschen, trocken schütteln und die Blättchen fein hacken. Knoblauch schälen und durchpressen. Die Sardellenfilets abtropfen lassen und klein schneiden. Die Chilischote zerkrümeln.

3. Das Brot gut ausdrücken und fein zerpflücken. Mit den zerkleinerten Fangarmen, Zitronenschale, Petersilie, Knoblauch, Sardellen, Chili und Ei gut vermischen und mit Salz und Pfeffer abschmecken.

4. Die Tintenfische mit der Brotmischung füllen. Dafür die Tintenfischbeutel mit den Fingern aufhalten, Füllung mit einem Löffel in die Beutel füllen. Die Beutel nicht zu fest füllen, sonst platzen sie beim Garen auf, weil sich die Füllung ausdehnt. Mit Zahnstochern verschließen.

5. Den Grill anheizen und einen Grillrost einölen oder eine Grillpfanne mit Öl einpinseln. Tintenfische auf dem Grill bei mittlerer Hitze (etwa 15 cm über der Glut) oder in der Pfanne ca. 15 Minuten grillen, bis sie weich und gebräunt sind, dabei häufig wenden. Tintenfische heiß servieren.

Die Variante | Frankreich

Geschmorte Tintenfische
700 g mittelgroße Tintenfische (küchenfertig),
70 g altbackenes Weißbrot,
100 g Mangoldblätter, Salz,
50 g Tapenade (Olivenpaste),
1 TL abgeriebene Bio-Zitronenschale, 4 Knoblauchzehen, Pfeffer aus der Mühle,
1 Zwiebel, 4 EL Olivenöl,
2 TL getr. Thymian,
1 Lorbeerblatt, 1 Dose gehackte Tomaten (400 g),
⅛ l trockener Weißwein

Tintenfische wie links beschrieben (Schritt 1) vorbereiten. Brot einweichen, dann zerpflücken. Mangold in Salzwasser blanchieren, fein hacken. Brot, Mangold, Fangarme, Tapenade und Zitronenschale vermischen, Knoblauch dazupressen. Füllung salzen, pfeffern und in die Tintenfische verteilen, verschließen. Zwiebel hacken. Tintenfische in Öl anbraten, herausnehmen. Zwiebel, Thymian und Lorbeer im übrigen Öl andünsten, Tomaten mit Wein dazugeben, salzen, pfeffern. Tintenfische einlegen und zugedeckt bei schwacher Hitze etwa 40 Minuten schmoren.

SCHÄTZE
aus dem Mittelmeer

ÜBERALL AN DEN KÜSTEN DES MITTELMEERS GIBT ES
FISCHMÄRKTE, DIE VOR ALLEM DIE FÄNGE DER REGIONALEN
FISCHER ANBIETEN. HIER KANN MAN DIE FRISCHESTEN
FISCHE UND MEERESFRÜCHTE KAUFEN.

TYPISCHE MITTELMEERFISCHE

Ein Stück Mittelmeer kann man sich mit der Zubereitung von frischem Fisch ganz einfach nach Hause holen. Auch hier bieten die meisten Fischläden wie auch Supermärkte eine gute Auswahl an frischen oder tiefgekühlten Mittelmeerfischen an. Direkt vor Ort ist das Angebot natürlich größer. Ganz oben auf der Beliebtheitsskala stehen aromatische Fische wie Meeresbrassen aller Art, Rotbarben und Wolfsbarsche. Stammt letzterer nicht aus Aquakulturen, gehört er zum teuersten was das Mittelmeer zu bieten hat. Aber auch Makrelen und Sardinen werden frisch gefangen und im Ganzen gegrillt, gebraten oder im Ofen zubereitet. Steaks vom Thunfisch oder Schwertfisch sind rund um das Mittelmeer ebenfalls beliebt und gehören zu den besonderen Delikatessen. Achten Sie beim Kauf aller Fischarten grundsätzlich auf ein Siegel, das bei Wildfang nachhaltige Fischerei garantiert.

HEISS BEGEHRT

Ob in der Pfanne oder auf dem Grill gegart oder mit saftigen Tomaten und aromatischen Kräutern zu einer Nudelsauce gekocht – Garnelen und Scampi sind rund ums Mittelmeer sehr gefragt und eine beliebte Zutat für viele Gerichte. Beide werden mehr oder weniger auf die gleiche Art zubereitet und doch gibt es Unterschiede. Garnelen haben einen gebogenen Körper. Scampi hingegen sind lang und flach und besitzen Scheren, ihr Fleisch ist feiner und aromatischer als das der Garnelen. Hierzulande sollten Sie, vor allem beim Einkauf von Garnelen, darauf achten, dass die Tiere aus kalten Gewässern kommen, sie schmecken besser und haben in der Regel weniger Rückstände als die vor allem in Asien gezüchteten Warmwassergarnelen.

ROH UND GEGART

In Südfrankreich gehören Austern zu einem genussvollen Essen einfach dazu. Dort werden sie direkt an der Küste im Languedoc-Roussillon gezüchtet und am liebsten, mit etwas Zitronensaft beträufelt, roh geschlürft. Aber auch andere Muschelarten wie Miesmuscheln, Venusmuscheln und Jakobsmuscheln gibt es am Mittelmeer durchaus mal roh. In der Regel werden sie aber gegart. Bei der Vorbereitung sollten Sie darauf achten, dass die Muscheln sich beim Waschen schließen. Exemplare, die danach noch geöffnet sind, entfernen. Beim Garen müssen sich die Muscheln hingegen öffnen. Geschlossene ebenfalls aussortieren und wegwerfen. Jakobsmuscheln werden meist bereits ausgelöst, also nicht mehr lebend, verkauft.

GROSSE VIELFALT

Der Tintenfisch oder Sepia hat vergleichsweise viel Körper und kleine Arme, der Oktopus wenig Körper und lange Arme mit Saugnäpfen. Beide Meeresfrüchte gibt es in Mini-Format bis hin zu sehr großen Exemplaren. Tintenfischkörper können, im Ganzen zubereitet, zum Beispiel gefüllt und anschließend gegrillt oder geschmort werden. In Ringe geschnitten schmecken sie geschmort oder auch frittiert sehr gut. Oktopusse haben eine wesentlich längere Garzeit: Mittelgroße und große Exemplare müssen etwa eine Stunde gegart werden, bis sie schön weich sind. In allen Mittelmeerländern findet man dazu ein feines Schmorgericht mit Sauce oder eine Salatvariante. Eine Besonderheit ist Tintenfisch, der mit der schwarzen Tinte zubereitet wird. Bei uns können Sie diese im Glas dazu kaufen, denn Tintenfische mit Tintenbeutel sind so gut wie nie im Angebot.

FÜR VIEL AROMA

Sardellen würzen mediterrane Saucen, liegen auf den Vorspeiseplatten fein mariniert und passen auf die Pizza. Haltbar gemacht werden die Filets der kleinen aromatischen Fische in Salz. Dort bleiben sie oder werden anschließend in Öl konserviert. Rein in Salz eingelegte Sardellen müssen vor der Verwendung eine Zeitlang gewässert werden, damit sie das Gericht nicht versalzen. Bei Sardellen in Öl reicht es, wenn Sie sie abtropfen lassen.

FEINE SPEZIALITÄT

Getrockneter oder mit Salz haltbar gemachter Kabeljau kam vor Jahrhunderten als Tausch gegen das begehrte Salz aus Norwegen in die Mittelmeerländer. Vor allem in Italien, Frankreich und Spanien werden „baccala" oder „stoccafisso", „morue" und „bacalao" auf viele verschiedene Arten zubereitet. Zum Beispiel als cremige Paste zu Brot, geschmort mit Tomaten und Kräutern oder auch frittiert. Ob getrocknet oder gesalzen, der Stockfisch muss vor der Zubereitung etwa zwei Tage von Wasser bedeckt ruhen, damit er weich wird. Wechseln Sie beim eingesalzenen „baccala" dabei das Wasser immer wieder, damit der Fisch am Schluss nicht zu salzig ist.

JAKOBSMUSCHELN
mit Gemüse

DIE MUSCHELN MIT DEM ZARTEN FESTEN FLEISCH HABEN EINEN STAMMPLATZ IN DER FRANZÖSISCHEN KÜCHE. SIE KÖNNEN AUCH DIREKT IN DER SCHALE GEGART WERDEN.

Zutaten für 4 Portionen

12 – 16 Jakobsmuscheln

Salz, Pfeffer aus der Mühle

2 Tomaten

1 gelbe Paprikaschote

2 Frühlingszwiebeln

1 EL Kapern (Glas)

6 EL Olivenöl

½ Bund Basilikum

besonderes Werkzeug
▪ 4 kleine feuerfeste Förmchen (ca. 10 –12 cm Ø)

Zeitbedarf
▪ 30 Minuten

So geht's

1. Das helle Muschelfleisch kurz abbrausen, trocken tupfen und von beiden Seiten salzen und pfeffern. Jede Muschel in eine gesäuberte Schalenhälfte legen oder 3–4 Muscheln in je ein feuerfestes Förmchen verteilen. Den Backofen auf 250 °C (Ober- und Unterhitze; Umluft 220 °C) vorheizen.

2. Die Tomaten waschen, vierteln und den Stielansatz keilförmig herausschneiden. Die Paprika waschen, vierteln und den Stiel sowie die weißen Trennwände samt den Kernen entfernen. Tomaten- und Paprikaviertel in sehr kleine Würfel schneiden. Die Frühlingszwiebeln waschen, Wurzelenden und welke grüne Teile abschneiden. Zwiebeln samt dem saftigen Grün in feine Ringe schneiden.

3. Tomaten, Paprika und Frühlingszwiebeln mit Kapern und Olivenöl in einer Schüssel mischen und mit Salz und Pfeffer würzen. Gemüsemischung gleichmäßig auf den Jakobsmuscheln in den Schalen oder Förmchen verteilen.

4. Die Muscheln im heißen Ofen (Mitte) etwa 4 Minuten garen. Inzwischen das Basilikum waschen und trocken schütteln, die Blättchen von den Stielen zupfen und in Streifen schneiden. Jakobsmuscheln aus dem Ofen holen und vor dem Servieren mit Basilikumstreifen bestreuen.

Dazu schmecken Weißbrot oder Toast.

STOCKFISCHPÜREE
mit Knoblauch

DIESE FISCHZUBEREITUNG IST IN SÜDFRANKREICH WIE IN ITALIEN EINE BELIEBTE SPEZIALITÄT – VOR ALLEM IN VENEDIG. DORT WIRD SIE ALS VORSPEISE WIE AUCH ALS HAUPTGERICHT SERVIERT.

Zutaten für 4 Portionen

1 Stockfischhälfte (ca. 600 g)

1 Zwiebel

4 Knoblauchzehen

je 2 Zweige Rosmarin, Thymian, Salbei und Petersilie

1 Lorbeerblatt

150 ml Milch

150 ml Olivenöl

2 TL Zitronensaft

Pfeffer aus der Mühle, Salz

besonderes Werkzeug
- Küchenmaschine

Zeitbedarf
- 1 Stunde
- 1 – 2 Tage wässern

So geht's

1. Den Stockfisch in eine große Schüssel oder Wanne legen und mit kaltem Wasser bedecken. Den Fisch darin 1 – 2 Tage wässern, bis er aufgequollen ist und weich aussieht. In dieser Zeit das Wasser gelegentlich wechseln.

2. Den gewässerten Stockfisch in einen Topf legen und mit frischem Wasser bedecken. Die Zwiebel und 2 Knoblauchzehen schälen und halbieren. Die Kräuter abbrausen, Zwiebel, Knoblauch, Kräuter und Lorbeer mit in den Topf geben.

3. Das Wasser zum Kochen bringen und den Fisch bei halb aufgelegtem Deckel bei mittlerer Hitze etwa 10 Minuten köcheln lassen. Im Sud lauwarm abkühlen lassen.

4. Die Milch lauwarm erwärmen. Den Fisch aus dem Sud heben und die Haut abziehen. Das Fischfleisch in kleine Stücke zupfen, dabei alle Gräten entfernen.

5. Den Fisch in einer Küchenmaschine auf kleiner Stufe langsam pürieren, dabei die Milch und das Öl nach und nach dazugeben, bis eine cremige Paste entsteht. Den restlichen Knoblauch schälen und dazupressen. Das Stockfischpüree mit Zitronensaft, Pfeffer und eventuell Salz abschmecken.

Dazu getoastete Weißbrotscheiben reichen.

 [a]

 [b]

 [c]

DAS IST *wirklich* WICHTIG

[a] GARPROBE Den Oktopus so lange köcheln lassen, bis er schön weich ist. Das kann 40 – 60 Minuten dauern. Zum Test mit einem Messer in einen Fangarm stechen. Das Fleisch muss sich so leicht einschneiden lassen wie gut gekühlte Butter.

[b] HAUT ABREIBEN Ob Sie die rötliche Haut dranlassen oder entfernen, ist Geschmackssache. Wer möchte, spült den gegarten, lauwarm abgekühlten Oktopus unter fließendem Wasser ab und reibt die rötliche Schicht mit den Fingern so gut wie möglich ab.

[c] ZERTEILEN Zunächst die Fangarme abschneiden. Vom fleischigen Teil in der Mitte können Sie ebenfalls den größten Teil verwenden. Lassen Sie nur die Mitte mit den harten Kauwerkzeugen übrig, das Fleisch rundherum abschneiden und mundgerecht zerkleinern.

OKTOPUS-SALAT
mit Sellerie

DAS GROSSE TIER MIT DEN SAUGNÄPFEN AN DEN FANGARMEN HEISST IN
ITALIEN POLPO. SEIN FLEISCH IST NACH DEM GAREN WUNDERBAR ZART
UND AROMATISCH UND SCHMECKT KALT ODER WARM.

Zutaten für 4 Portionen

1 Oktopus (ca. 800 g)

¼ l trockener Weißwein
(nach Belieben)

1 Bio-Zitrone

2 Lorbeerblätter

Salz

2–3 Stangen Staudensellerie

2 Tomaten

1 kleines Bund Basilikum

Pfeffer aus der Mühle

4 EL Olivenöl

Zeitbedarf
- 30 Minuten
- 40–60 Minuten garen

So geht's

1. Den Oktopus unter fließendem Wasser waschen und in einem Topf nach Belieben mit dem Wein und so viel Wasser begießen, dass er gerade davon bedeckt ist. Die Zitrone halbieren. Eine Zitronenhälfte heiß waschen und in Scheiben schneiden, mit den Lorbeerblättern und 1 TL Salz zum Oktopus geben, aufkochen. Den Oktopus bei schwacher Hitze zugedeckt in 40–60 Minuten butterweich köcheln lassen [→a].

2. Oktopus im Sud lauwarm abkühlen lassen, dann nach Belieben die rötliche Haut abreiben [→b]. Den Oktopus zerteilen [→c].

3. Für den Salat den Sellerie waschen, putzen und in feine Scheiben schneiden. Die Tomaten waschen, putzen und würfeln. Die Basilikumblättchen ab- und kleiner zupfen.

4. Den Saft der übrigen Zitronenhälfte auspressen und mit Salz und Pfeffer verrühren, das Olivenöl cremig unterschlagen.

5. Oktopus, Sellerie, Tomaten, Basilikum und die Sauce mischen und abschmecken. Den Salat sofort servieren oder für noch mehr Aroma bis zum Servieren im Kühlschrank durchziehen lassen. Dann vor dem Servieren noch einmal durchmischen und eventuell etwas nachwürzen.

Die Variante | Italien

Geschmorter Oktopus
1 Oktopus (ca. 800 g), 1 Bio-Zitrone, 2 Lorbeerblätter, Salz, 1–2 getr. Chilischoten, 4 Knoblauchzehen, 1 Zweig Rosmarin, 600 g Tomaten, 4 EL Olivenöl, ¼ l trockener Rotwein, 5 Stängel Minze

Den Oktopus wie links beschrieben (Schritt 1) mit Zitrone, Lorbeer und Salz, aber ohne Wein garen und im Sud abkühlen lassen. Oktopus in Stücke zerteilen. Chilischote(n) zerkrümeln, Knoblauch mit Rosmarinblättchen hacken. Tomaten häuten (siehe Seite 83) und würfeln. Chili, Knoblauch und Rosmarin im heißen Olivenöl andünsten. Tomaten und Wein dazugeben und offen bei mittlerer Hitze 15 Minuten köcheln lassen. Oktopus dazugeben, alles mit Salz abschmecken und zugedeckt noch 5–10 Minuten schmoren. Minze waschen, Blättchen fein hacken und vor dem Servieren aufstreuen.

KÜCHENGEHEIMNIS | KOCHHILFEN WIE ROTWEINKORKEN im Wasser können Sie getrost vergessen. Ein Oktopus braucht einfach nur genügend Zeit zum Kochen, mehr nicht!

SALTIMBOCCA
BOEUF BOURGUIGNON
COQ AU VIN

MARTINEZ

MIGUEL

FLEISCH
& GEFLÜGEL

NACH GEMÜSE, FISCH UND MEERESFRÜCHTEN STEHT FLEISCH IN DER MEDITERRANEN KÜCHE ERST AN DRITTER STELLE. WILD, KANINCHEN UND LAMM KOMMEN EBENSO IN DEN KOCHTOPF WIE GEFLÜGEL, RIND UND SCHWEIN. MAL GANZ PUR, MAL MIT AROMATISCHEM GEMÜSE, SONNENVERWÖHNTEN KRÄUTERN ODER FEINEN GEWÜRZEN UND SOGAR FRÜCHTEN.

LAMMKEULE
mit Feigen und Rosinen

DIE SCHÄRFE VON CHILIS, DAS AROMA FEINER GEWÜRZE UND DIE SÜSSE VON FEIGEN UND ROSINEN GEBEN DIESEM GERICHT DAS GANZ BESONDERE ETWAS.

Zutaten für 6–8 Portionen

1 Lammkeule mit Knochen (ca. 2 kg)

2 getr. Chilischoten

je 2 TL schwarze Pfefferkörner, Koriander- und Kreuzkümmelsamen und edelsüßes Paprikapulver

je 1 kräftige Prise gem. Nelken und Zimtpulver

Salz

200 g Schalotten oder kleine Zwiebeln

8 Knoblauchzehen

100 g getr. Feigen

2 EL Butterschmalz

50 g Rosinen

¼ l Rotwein oder Lammfond

1 EL Honig

1 EL Zitronensaft

besonderes Werkzeug
▪ Mörser

Zeitbedarf
▪ 30 Minuten
▪ 1¾ Stunden garen

So geht's

1. Die Lammkeule unter kaltem Wasser abbrausen, trocken tupfen. Eventuell ist das Fleisch mit einer dicken Fettschicht überzogen. Diese mit einem scharfen Messer großzügig entfernen, ohne das Fleisch zu verletzen. Chilischoten, Pfefferkörner, Koriander- und Kreuzkümmelsamen in einem Mörser fein zerstoßen und mit den restlichen Gewürzen und 2 TL Salz mischen. Die Lammkeule rundherum mit der Gewürzmischung einreiben.

2. Die Schalotten oder die kleinen Zwiebeln schälen und vierteln, den Knoblauch schälen und halbieren. Von den Feigen die Stielansätze abschneiden, die Feigen halbieren.

3. Den Backofen auf 180 °C (Ober- und Unterhitze; Umluft 160 °C) vorheizen. In einem Bräter, der so groß ist, dass die Lammkeule darin Platz hat, das Butterschmalz erhitzen. Die Lammkeule hineinlegen und bei starker Hitze auf beiden Seiten anbraten. Schalotten oder Zwiebeln und Knoblauch seitlich dazugeben und kurz mitbraten. Feigen und Rosinen seitlich um die Keule verteilen und den Wein oder Lammfond mit ¼ l Wasser angießen. Den Honig einrühren. Mit Salz würzen.

4. Den Bräter in den heißen Ofen (unten) schieben. Die Lammkeule etwa 1¾ Stunden braten, dabei immer wieder mit dem Bratenfond beschöpfen und mindestens einmal wenden. Wer etwas mehr Sauce mag, kann nach Belieben noch 200–300 ml Flüssigkeit nachgießen.

5. Die Lammkeule aus dem Bräter nehmen, mit Alufolie abdecken und mindestens 5 Minuten ruhen lassen. Ist der Bratenfond für eine Sauce noch zu flüssig, den Fond auf dem Herd aufkochen und bei starker Hitze in 2–3 Minuten leicht einkochen lassen. Sauce mit dem Zitronensaft und Salz abschmecken. Die Lammkeule in Scheiben vom Knochen schneiden. Den ausgetretenen Fleischsaft unter die Sauce mischen und zum Fleisch servieren.

Dazu schmecken Couscous oder Fladenbrot.

KANINCHEN
auf Tomaten

KANINCHEN LIEBT MAN IN ALLEN MITTELMEERLÄNDERN. MAL WIE HIER MIT TOMATEN, MAL NUR MIT WEIN UND GANZ VIEL KNOBLAUCH UND KRÄUTERN, MAL MIT GEMISCHTEM GEMÜSE.

Zutaten für 4 Portionen

1 Döschen Safranfäden (0,1 g)

150 ml trockener Weißwein

1 fleischiges Kaninchen (ca. 1,2 kg)

Salz, Pfeffer aus der Mühle

4 EL Olivenöl

800 g Tomaten

8 Knoblauchzehen

5 Zweige Thymian

1 Zweig Rosmarin

2 EL schwarze Oliven

Zeitbedarf
- 15 Minuten
- 40 Minuten backen

So geht's

1. Den Safran zwischen den Fingerspitzen zerreiben, mit dem Wein verrühren und darin einweichen lassen. Das Kaninchen kalt abbrausen und trocken tupfen, dann in Stücke teilen. Dafür die Läufe und die Brust abtrennen **[→ a]** sowie die Keulen ablösen **[→ b]**. Kaninchenteile mit Salz und Pfeffer einreiben.

2. Das Öl in einer Pfanne erhitzen, die Kaninchenteile darin rundherum anbraten und wieder herausnehmen.

3. Den Backofen auf 180 °C (Ober- und Unterhitze; Umluft 160 °C) vorheizen. Die Tomaten waschen und die Stielansätze herausschneiden. Die Tomaten würfeln und in einer feuerfesten Form, in der alle Kaninchenteile nebeneinander Platz haben, verteilen.

4. Den Knoblauch schälen und fein hacken. Die Kräuter waschen und trocken schütteln. Die Blättchen abzupfen oder -streifen und mittelfein hacken. Die Kräuter mit Knoblauch, Oliven und Wein mit Safran zu den Tomaten geben und mit Salz und Pfeffer abschmecken.

5. Die Kaninchenteile auf die Tomaten setzen. Im Ofen (Mitte) etwa 40 Minuten backen, bis sie gar sind.

Dazu schmecken frisches Stangenweißbrot oder Bratkartoffeln mit Koriandersamen.

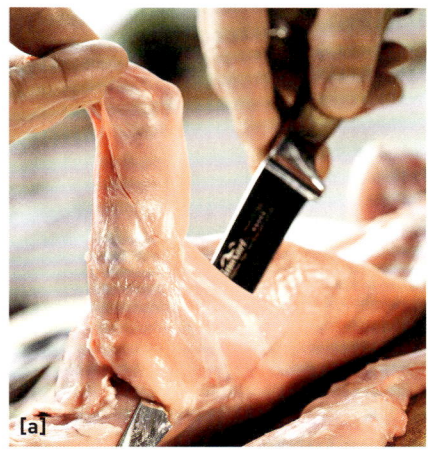
[a]

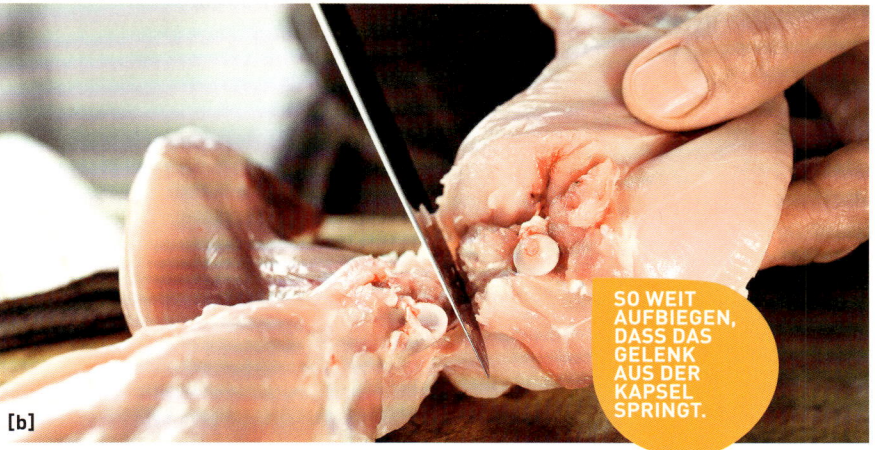
[b]

SO WEIT AUFBIEGEN, DASS DAS GELENK AUS DER KAPSEL SPRINGT.

DAS IST *wirklich* WICHTIG

[a] LÄUFE UND BRUST ABTRENNEN Dazu das Fleisch in der Achselhöhle direkt am Rippenbogen einschneiden. Läufe jetzt mit der Hand vom Kaninchenkörper weg bewegen. Das Schultergelenk wird sichtbar und Sie können die Läufe direkt dort abtrennen. Schneiden Sie den Brustkorb am besten mit einer stabilen Küchenschere von der Bauchhöhle bis zum Hals auf. Die Bauchlappen und die Rippenbögen ebenfalls mit der Küchenschere von den fleischigen Bruststücken abschneiden.

[b] KEULEN ABLÖSEN Das Fleisch der Keulen links und rechts vom Beckenknochen mit einem Messer bis zum Knochen einschneiden. Auseinanderbiegen und im Gelenk teilen.

GRIECHENLAND
Tafeln wie die Götter

WEISS GETÜNCHTE KIRCHEN MIT STRAHLEND BLAUEN KUPPELN, MALERISCHE STRÄNDE, OLIVENHAINE UND SCHAFE, DIE GEMÄCHLICH DURCH DIE LANDSCHAFT ZIEHEN. GRIECHENLAND LÄDT EIN ZUM ENTSPANNEN, ERHOLEN UND NATÜRLICH GENIESSEN!

EINE KÜCHE MIT VIELEN WURZELN

Einst führte eine wichtige Handelsstraße zwischen Rom und Byzanz, dem heutigen Istanbul, durch Griechenland und brachte damit eine Prise Orient in die griechische Küche. Zahlreiche Einflüsse sind bis heute spürbar, unter anderem die Vorliebe für Süßes, wie Kirschen und Feigen in Sirup, Walnusskuchen und Mandelgebäck, sowie die Art der Kaffeebereitung im Stielkännchen aus Kupfer. Aber auch die typische orientalische Verwendung von Gewürzen hat ihre Spuren hinterlassen, zum Beispiel werden sowohl Fleisch als auch Fisch – etwa ein Ragout mit Oktopus – häufig mit Zimt gewürzt. Eine ebenfalls aus dem Orient stammende und geschätzte Kombination ist die von Fleisch und Meeresfrüchten und Fisch und Meeresfrüchten mit süßen Zutaten: Tintenfische werden mit Korinthen und Pinienkernen gefüllt und das Kalbfleisch kommt mit Quitten in den Schmortopf. Aber auch „pitta", Pasteten aus einem hauchdünnen Teig wie ihn auch die Türken lieben, sind eine besondere Köstlichkeit. Man findet sie in immer wieder anderen Varianten gefüllt, zum Beispiel mit Spinat oder Fleisch, Käse oder den verschiedensten Gemüsesorten. Sie werden zu Hause selbst gemacht oder frisch beim Bäcker gekauft und als Teil der „mezes", als Hauptgericht mit einem frischen Salat oder auch mal einfach als Imbiss zwischendurch gegessen. Auf den Ionischen Inseln hingegen ist heute noch das kulinarische Erbe der Venezianer zu spüren, die 400 Jahre lang die Herrschaft über die fruchtbaren Inseln hatten. Sie brachten die Vorliebe für die Zubereitung verschiedener Gerichte mit Nudeln auf die Inseln.

GRIECHISCH SCHLEMMEN

An heißen Sommertagen unter einem Dach von Weinblättern oder einer duftenden Bougainvillea vor einer Taverne zu sitzen, das schätzen nicht nur Urlauber in Griechenland. Man lässt sich nieder und gönnt sich ein Glas kühlen weißen oder kräftigen roten Wein. Doch trinken ohne etwas zu essen, das ist in Griechenland ebenso undenkbar wie anderswo am Mittelmeer. Kalte und warme Vorspeisen – „mezes" oder „orektika" – sind das mindeste, was mit auf den Tisch kommt. Neben gefüllten Weinblättern, „tzatziki" und dem heißgeliebten Bauernsalat sind das zum Beispiel „taramosalata", eine Paste aus gepresster Fischrogenmasse, oder „skordalia", eine Paste aus gekochten Kartoffeln, Olivenöl und reichlich Knoblauch. Dazu gibt es meist fleischige Oliven aus Kalamata und natürlich Fladenbrot. Wer sich an diesen feinen „Appetithäppchen" nicht schon satt gegessen hat, kann anschließend in einer Vielzahl deftiger Gerichte aus dem Backofen und würzigen Eintöpfen oder Fleisch und Fisch vom Grill schwelgen. Zur Erfrischung nach solch einem reichhaltigen Essen wird meist noch eine Platte oder Schale mit frischen Früchten, die es in Griechenland in großer Vielfalt gibt, serviert.

Ein besonderes kulinarisches Highlight ist das griechische Osterfest. Zu diesem kirchlichen Anlass wird traditionell ein ganzes Lamm geschlachtet. Aus den Lamm-Innereien und -Füßen wird dann eine Suppe gekocht, die üblicherweise in der Osternacht gegessen wird. Das Lamm selbst brutzelt am nächsten Tag am Spieß über glühenden Holzkohlen.

WEIN – DIONYSOS' GESCHENK

Fast überall in Griechenland wird Wein angebaut. Doch eine Sorte ist seit jeher besonders beliebt und auch nur in Griechenland zu finden: Retsina. Der Weiß- oder Rotwein ist an seinem typischen Harzaroma zu erkennen. Früher diente das Harz, das dem Most zugesetzt wurde, dazu, den Wein länger haltbar zu machen. Inzwischen haben sich die Griechen und viele Besucher aber so an den speziellen Geschmack gewöhnt, dass keiner den Retsina mehr missen möchte.

Außer Wein trinken die Griechen gerne Ouzo. Der aniswürzige Schnaps wird am Tisch noch mit etwas Wasser aufgefüllt und meist als Digestiv oder als Begleitung zu den „mezes" gereicht.

DAS IST *wirklich* WICHTIG

[a] FETTRAND EINSCHNEIDEN
Den Fettrand bei Steaks nicht abschneiden, sondern mitbraten. Das Fett bringt zusätzliches Aroma. Damit sich das Steak aber beim Braten nicht wölbt – das Fett zieht sich stärker zusammen als das Fleisch –, muss der Fettrand vorbereitet werden. Schneiden Sie ihn mit einem scharfen Messer im Abstand von 2 – 3 cm ein, aber nicht bis ins Fleisch.

[b] GANZ NACH GESCHMACK braten Sie das Steak kurz oder etwas länger. Ein rare gebratenes Steak hat in der Mitte einen noch blutigen Kern, medium gebraten ist es in der Mitte rosa. Wer das nicht mag, gart es komplett durch.

[a]

[b]

RINDERSTEAKS
mit Knoblauch-Pfeffersauce

EIN GUTES STEAK LIEBEN ALLE FRANZOSEN – HAUPTSACHE, DAS FLEISCH IST VON BESTER QUALITÄT UND FACHGERECHT GEBRATEN – AM LIEBSTEN À POINT, ALSO MEDIUM GEBRATEN, ODER BLEU, EHER BLUTIG.

Zutaten für 4 Portionen

4 Rinderfiletsteaks (je ca. 200 g; zarte Stücke wie Filet, Lende, Koteletts oder Schnitzel aus der Keule.)

Salz, Pfeffer aus der Mühle

4 EL Öl oder Butterschmalz

2 TL grüne Pfefferkörner (Glas)

8 Knoblauchzehen

⅛ l trockener Weißwein

100 g Crème fraîche

Zeitbedarf
▪ 20 Minuten

So geht's

1. Die Steaks abbrausen, trocken tupfen. Vom Metzger geschnittene dickere Steaks mit dem Handballen flacher drücken, bis alle etwa gleich dick sind. Vorhandene Fettränder einschneiden [→a]. Die Scheiben salzen und pfeffern.

2. Das Öl oder Schmalz in einer Pfanne erhitzen. Die Steaks darin bei starker Hitze pro Seite 1 Minute braten.

3. Hitze auf mittlere Stufe zurückschalten und die Steaks unter Wenden entweder 2 Minuten weiterbraten (rare) oder 3–4 Minuten weiterbraten (medium) oder in 5–6 Minuten ganz durch garen [→b].

4. Inzwischen Pfefferkörner abtropfen lassen und grob hacken. Den Knoblauch schälen und pressen.

5. Steaks aus der Pfanne nehmen und zugedeckt auf einem warmen Teller warm halten.

6. Wein, Crème fraîche und Knoblauch in die Pfanne geben und kräftig aufkochen. Pfeffer untermischen, Sauce salzen und zu den Steaks servieren.

DAZU PASST | POMMES FRITES
800 g festkochende Kartoffeln, ¾ l Öl oder 750 g Pflanzenfett zum Frittieren, Salz Die Kartoffeln schälen und waschen. Die Knollen zuerst in gut 1 cm dicke Scheiben, dann in ebenso breite Stifte schneiden. Die Kartoffelstäbe mit Küchenpapier gründlich trocken tupfen. Das Öl oder Fett in einem weiten Topf erhitzen (siehe Seite 78). Die Kartoffelstifte in 2 Portionen im heißen Fett etwa 3 Minuten frittieren. Mit einem Schaumlöffel herausheben und auf einer dicken Lage Küchenpapier gut abfetten lassen. Das Fett dann noch einmal erhitzen und die Pommes ein zweites Mal 1–2 Minuten frittieren, bis sie richtig schön knusprig sind. Herausheben und wieder auf Küchenpapier gut abfetten lassen, salzen und zu den Steaks servieren.

DAUBE
de bœuf

Zutaten für 4 Portionen

800 g Rindfleisch zum Schmoren (z. B. Hüfte)

2 Zwiebeln

2 Möhren

¾ l trockener Rotwein

1 Stück Bio-Orangenschale

2 Lorbeerblätter

1 TL schwarze Pfefferkörner

2 Knoblauchzehen

2 Stangen Staudensellerie

je 2 Zweige Thymian, Rosmarin und Salbei

4 EL Öl

Salz, Pfeffer aus der Mühle

1 TL Honig

Zeitbedarf
- 45 Minuten
- Marinieren über Nacht
- 2 Stunden schmoren

So geht's

1. Das Fleisch 3 – 4 cm groß würfeln. 1 Zwiebel und 1 Möhre schälen, in Scheiben schneiden und mit dem Fleisch in einer Schüssel mit dem Wein begießen. Orangenschale mit Lorbeer und Pfefferkörnern zugeben. Fleisch über Nacht marinieren.

2. Am nächsten Tag die übrige Zwiebel und Möhre sowie Knoblauch und Sellerie putzen, schälen und grob hacken. Kräuterblättchen von den Stielen zupfen bzw. streifen und ebenfalls hacken. Fleisch abtropfen lassen und trocken tupfen, Marinade auffangen. Das Fleisch portionsweise im heißen Öl anbraten und wieder herausnehmen. ½ l Marinade mit gehacktem Gemüse und Kräutern zugeben. Das Fleisch wieder einrühren, mit Salz, Pfeffer und Honig würzen und zugedeckt bei schwacher Hitze etwa 2 Stunden schmoren. Falls nötig, restliche Marinade angießen.

3. Fleisch aus der Sauce nehmen. Sauce durch ein Sieb passieren, dabei das Gemüse mit dem Kochlöffelrücken so gut wie möglich ausdrücken. Fleisch wieder in die Sauce rühren. Ragout mit Salz und Pfeffer abschmecken und mit Baguette servieren.

LAMMKOTELETTS
mit Kräutern

Zutaten für 4 Portionen

je 1 Zweig Rosmarin und Salbei

4 Zweige Thymian

½ Bio-Zitrone

2 Knoblauchzehen

4 EL Olivenöl

8 doppelte Lammkoteletts (je ca. 125 g)

Salz, Pfeffer aus der Mühle

⅛ l trockener Weißwein

2 TL Honig

Chilipulver (nach Belieben)

Zeitbedarf
- 20 Minuten
- 1 – 2 Stunden marinieren

So geht's

1. Die Kräuter waschen und trocken schütteln. Die Blättchen fein schneiden. Zitronenhälfte heiß waschen und abtrocknen, die Schale dünn abschneiden und fein hacken. Knoblauch schälen und in dünne Scheiben schneiden.

2. Alles mit dem Öl mischen und die Lammkoteletts damit einreiben. 1 – 2 Stunden abgedeckt bei Zimmertemperatur marinieren lassen.

3. Dann den Knoblauch von den Koteletts abstreifen, die Koteletts salzen und pfeffern und in einer heißen Pfanne auf beiden Seiten kräftig anbraten, die Hitze zurückschalten und die Koteletts pro Seite in 2½ Minuten fertig braten.

4. Fleisch aus der Pfanne nehmen und zugedeckt warm halten. Bratensatz mit dem Wein ablöschen und unter Rühren vom Pfannenboden lösen. Wein kräftig aufkochen. Mit Honig, Salz, Pfeffer und nach Belieben mit etwas Chili abschmecken. Koteletts auf Tellern verteilen und mit der Sauce servieren.

Dazu schmecken knuspriges Brot und ein Salat.

SALTIMBOCCA
mit Weißweinsauce

Zutaten für 4 Portionen

16 große Salbeiblätter

8 kleine oder 4 größere Scheiben roh geräucherter Schinken

8 dünne kleine Kalbsschnitzel (je ca. 60 g)

Salz, Pfeffer aus der Mühle

4 EL Butter

75 ml trockener Weißwein

1 EL Zitronensaft

besonderes Werkzeug
▪ Zahnstocher

Zeitbedarf
▪ 20 Minuten

So geht's

1. Salbei waschen und trocken schütteln. Größere Schinkenscheiben halbieren. Die Schnitzel mit dem Handballen noch flacher drücken. Auf einer Seite mit je 1 kleinen Schinkenscheibe und 2 Salbeiblättchen belegen, beides mit Zahnstochern auf den Schnitzeln feststecken. Schnitzel auf der unbelegten Seite leicht salzen und pfeffern.

2. Die Butter in einer großen oder in zwei Pfannen erhitzen. Schnitzel darin mit der Schinkenseite nach unten bei mittlerer Hitze 1½ Minuten braten. Umdrehen und noch einmal knapp 1 Minute braten.

3. Schnitzel herausnehmen und zugedeckt warm halten. Bratensatz mit dem Wein und dem Zitronensaft ablöschen und unter Rühren vom Pfannenboden lösen. Alles kräftig aufkochen und mit Salz und Pfeffer abschmecken. Saltimbocca mit der Sauce servieren.

SCHARFES RAGOUT
aus den Abruzzen

Zutaten für 4 Portionen

800 g Schweinekeule oder magere Schweineschulter

2 getr. Chilischoten

2 TL Fenchelsamen

1 TL getr. Thymian

50 g Lardo (am Stück; ital. fetter weißer Speck)

4 Knoblauchzehen

1 Zwiebel

200 ml trockener Weißwein oder Fleischbrühe

Salz

je 1 rote und grüne Paprikaschote

½ Bund Petersilie

besonderes Werkzeug
▪ Mörser

Zeitbedarf
▪ 30 Minuten
▪ 1¼ Stunden schmoren

So geht's

1. Das Schweinefleisch abbrausen, trocken tupfen und parieren (siehe Seite 15), dann etwa 2 cm groß würfeln. Chilis, Fenchelsamen und Thymian in einem Mörser fein zerstoßen. Den Speck sehr klein würfeln. Knoblauch und Zwiebel schälen, den Knoblauch in feine Scheiben, die Zwiebel vierteln und in Streifen schneiden.

2. Den Speck in einem Schmortopf bei schwacher Hitze erwärmen, bis er flüssig ist. Das Fleisch darin bei starker Hitze in 2 Portionen rundherum kräftig anbraten, herausnehmen. Die Chilimischung mit Knoblauch und Zwiebel in den Bräter geben, kurz anbraten, das Fleisch wieder dazugeben und den Wein oder die Brühe angießen, salzen und zugedeckt bei schwacher Hitze 45 Minuten schmoren.

3. Die Paprikaschoten waschen, putzen und in etwa 1 cm große Würfel schneiden. Zum Fleisch geben und alles weitere 30 Minuten garen, bis das Fleisch schön weich ist. Die Petersilie waschen und trocken schütteln, die Blättchen fein hacken. Das Ragout abschmecken und mit der Petersilie bestreut servieren.

Dazu schmeckt Weißbrot.

DAS IST *wirklich* WICHTIG

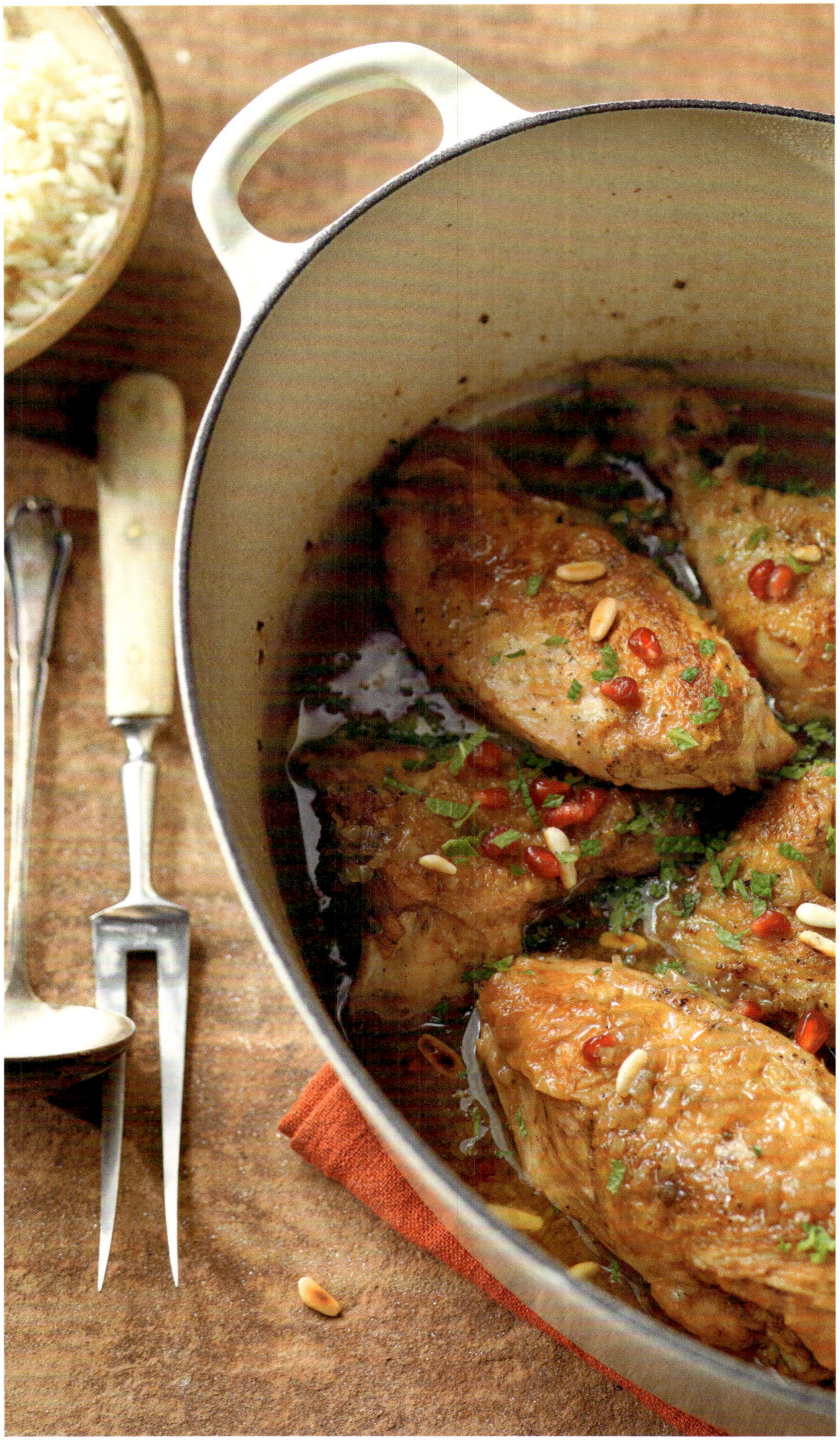

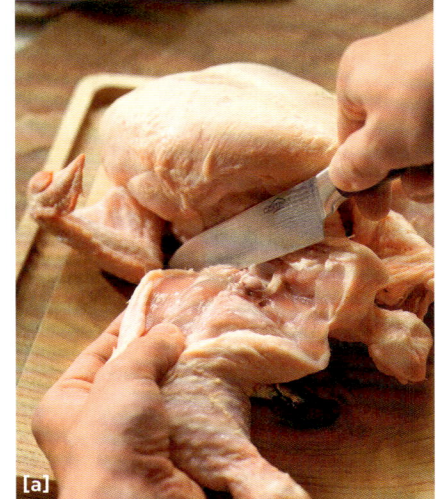

[a] Hähnchen teilen Schritt 1 Die Poularde mit der Brust nach oben auf die Arbeitsfläche legen. Ziehen Sie mit einer Hand den Schenkel vom Körper des Huhns weg und schneiden Sie mit einem scharfen Messer die Haut und das Fleisch bis zum Gelenk ein. Dann von unten mit den Fingern gegen das Gelenk drücken, damit die Gelenkkapsel aufbricht, und mit dem Messer zwischen den beiden Gelenkteilen die Sehnen und das Fleisch durchtrennen. Die Flügel ebenso ablösen.

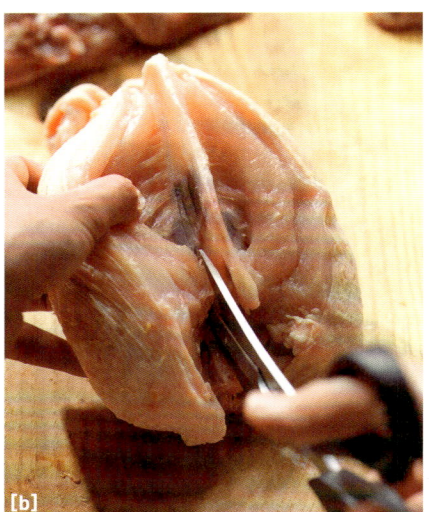

[b] Hähnchen teilen Schritt 2 Die Haut und das Fleisch an beiden Seiten entlang des Brustbeins mit einem scharfen Messer bis zum Knochen einschneiden. Anschließend mit einer Geflügelschere das Gabelbein, das am Kopfende sitzt, durchschneiden. Dann auf beiden Seiten die Rippenknochen vom Brustbein mit einem Messer abtrennen. Als Letztes die Haut am Rücken durchschneiden und die Brusthälften abtrennen.

[c] Hähnchen teilen Schritt 3 Den Rücken mit der Geflügelschere halbieren, er hat den geringsten Fleischanteil.

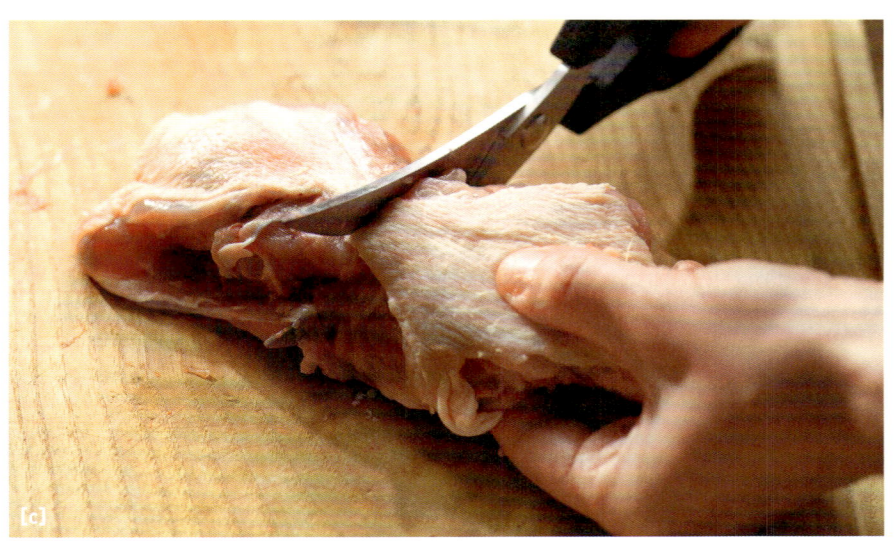

SCHMORHUHN
mit Safran und Granatapfel

SAFRAN UND GRANATAPFEL SORGEN VON DER TÜRKEI ÜBER ISRAEL BIS ÄGYPTEN FÜR VIEL AROMA –
MAL WIE HIER MIT HUHN, MAL MIT LAMM ODER AUCH MIT VERSCHIEDENEN GEMÜSESORTEN.

Zutaten für 4 Portionen

1 Döschen Safranfäden (0,1 g)

2 Zwiebeln

2 Knoblauchzehen

1 großer Granatapfel

1 fleischige Poularde (ca. 1,7 kg)

Salz, Pfeffer aus der Mühle

2 EL Olivenöl

100 g Walnuss- oder Pinienkerne

½ Bund Minze

1 EL Zitronensaft

1 EL Granatapfelsirup (Grenadine) oder Honig

1 Prise Zimtpulver

Zeitbedarf
- 40 Minuten
- 45 Minuten schmoren

So geht's

1. In ein Schälchen 300 ml Wasser füllen. Die Safranfäden zwischen den Fingerspitzen zerkrümeln und im Wasser etwa 30 Minuten einweichen, bis sich das Wasser intensiv orange gefärbt hat.

2. Inzwischen die Zwiebeln und den Knoblauch schälen und fein hacken. Den Granatapfel halbieren, eine Hälfte auf einer Zitruspresse auspressen. Die Poularde innen und außen kalt abbrausen, trocken tupfen und mithilfe einer Geflügelschere und einem Messer in 8 Teile schneiden: je 2 Keulen, Flügel, Brusthälften und den halbierten Rücken **[→a + b + c]**. Die Hühnerteile mit Salz und Pfeffer einreiben.

3. Das Olivenöl in einem Schmortopf, möglichst aus Gusseisen, erhitzen und die Hühnerteile darin bei starker Hitze rundherum gut anbraten und wieder herausnehmen. Die Herdtemperatur auf mittlere Hitze schalten. Zwiebeln und Knoblauch in den Schmortopf geben und im verbliebenen Bratfett andünsten, das Safranwasser und den Granatapfelsaft angießen. Die Hühnerteile zurück in den Topf legen und zugedeckt bei schwacher Hitze etwa 45 Minuten schmoren. Die Teile ab und zu wenden und bei Bedarf noch etwas Flüssigkeit angießen.

4. Die Walnusskerne in Stücke brechen. Walnuss- oder Pinienkerne in einer Pfanne bei mittlerer Hitze ohne Fett goldgelb rösten und auf einem Teller beiseitestellen. Die Granatapfelkerne aus der übrigen Hälfte lösen. Dafür die Hälfte über einer Schüssel aufbrechen und die Kerne mit den Fingern zwischen den Trennhäuten herausstreifen. Die Minze waschen und trocken schütteln. Die Blättchen fein hacken.

5. Den Bratenfond des Schmorhuhns mit Zitronensaft, Grenadine oder Honig, Zimt, Salz und Pfeffer abschmecken. Hühnerteile auf Tellern verteilen und den Fond darüberlöffeln. Minzeblättchen mit Walnuss- oder Pinienkernen und Granatapfelkernen darüberstreuen.

Dazu schmecken Reis oder Couscous.

Die Variante | Frankreich

Coq au vin
1 fleischige Poularde (ca. 1,7 kg), Salz, Pfeffer aus der Mühle, 1 EL Öl, 2 EL Butter, ½ l trockener Rotwein, 200 g Schalotten, 250 g kleine Champignons, 100 g durchwachsener Räucherspeck, ½ Bund Petersilie

Die Poularde wie links beschrieben in Stücke teilen, salzen und pfeffern. Das Öl mit 1 EL Butter in einem Schmortopf erhitzen und die Hähnchenteile darin von allen Seiten anbraten. Mit dem Wein ablöschen und zugedeckt bei schwacher Hitze etwa 25 Minuten schmoren. Die Schalotten schälen, die Pilze säubern und putzen. Den Speck in kleine Würfel schneiden und in einer Pfanne in der übrigen Butter bei mittlerer Hitze auslassen und leicht bräunen. Schalotten und Pilze dazugeben und kurz mitbraten. Salzen, pfeffern, zum Huhn geben und alles weitere 25 Minuten schmoren. Die Petersilie waschen und trocken schütteln, die Blättchen fein schneiden und vor dem Servieren aufstreuen.

OCHSENSCHWANZ
mit Sherry

EIN TYPISCHES GERICHT AUS ANDALUSIEN, DAS VOR ALLEM EINES BRAUCHT: ZEIT. DREI BIS
VIER STUNDEN SCHMOREN SIND IDEAL. ABER AUCH AUFWÄRMEN BEKOMMT IHM GUT.

Zutaten für 4 Portionen

2 große Möhren

2 Stangen Staudensellerie

400 g Tomaten

500 g rote Zwiebeln

4 Knoblauchzehen

1,5 kg große Ochsenschwanzstücke (beim Metzger vorbestel-
len)

Salz, Pfeffer aus der Mühle

4 EL Olivenöl

½ l trockener Sherry

2 Lorbeerblätter

1 Stück Zimtstange (ca. 2 cm)

je 2 Stängel Petersilie und Minze

Zeitbedarf
- 40 Minuten
- 3 – 4 Stunden schmoren

So geht's

1. Die Möhren putzen und schälen, der Länge nach vierteln und quer in 1 – 2 cm breite Stücke schneiden. Den Sellerie waschen und putzen. Zartes Selleriegrün beiseitelegen. Wenn sich beim Abschneiden der Enden Fäden mit ablösen, diese einfach abziehen. Selleriestangen in etwa 1 cm breite Scheiben schneiden.

2. Mit einem kleinen Messer aus den Tomaten den Stielansatz keilförmig herausschneiden. Die Tomaten in einer Schüssel mit kochendem Wasser überbrühen, kurz ziehen lassen, bis die Haut anfängt sich zu lösen, dann abgießen, abschrecken, häuten (siehe Seite 83) und in kleine Würfel schneiden. Die Zwiebeln schälen und achteln. Den Knoblauch schälen und in dickere Scheiben schneiden.

3. Die Ochsenschwanzstücke kalt abbrausen und trocken tupfen, mit Salz und Pfeffer würzen. Das Öl in einem Schmortopf erhitzen und die Fleischstücke darin bei starker Hitze nach und nach kräftig anbraten und wieder herausnehmen. Wenn alle Fleischstücke gebraten sind, Möhren, Sellerie, Zwiebeln und Knoblauch in den Schmortopf geben und im übrigen Bratfett 2 – 3 Minuten unter Rühren andünsten.

4. Den Sherry angießen, dann die Tomaten unterrühren, dabei mit dem Kochlöffel am Topfboden entlangrühren, damit sich der Bratensatz davon löst. Die Ochsenschwanzstücke einlegen und Lorbeer und Zimt dazugeben. Den Schmortopf zudecken und den Ochsenschwanz bei schwacher Hitze 3 – 4 Stunden schmoren, bis das Fleisch sehr weich ist. Dabei immer wieder durchrühren und bei Bedarf noch etwas Flüssigkeit (Sherry oder Wasser) dazugeben.

5. Kurz vor Garzeitende die Kräuter waschen und trocken schütteln, die Blättchen abzupfen und mit dem Selleriegrün grob hacken. Den Ochsenschwanz mit Salz und Pfeffer abschmecken und mit den Kräutern bestreut servieren.

Dazu frisches Weißbrot reichen.

OLIVENÖL
Mediterranes Gold

SEIT MEHR ALS 5000 JAHREN WIRD DER KNORRIGE OLIVENBAUM IN DEN MITTELMEERLÄNDERN KULTIVIERT, UM DAS WERTVOLLE ÖL AUS SEINEN FRÜCHTEN ZU PRESSEN. SEIT JEHER ERNÄHRT ES DIE MENSCHEN DES MITTELMEERRAUMS SOWOHL ALS WICHTIGE EINNAHMEQUELLE WIE AUCH ALS ZUTAT, DIE AUS DEN KÜCHEN NICHT WEGZUDENKEN IST.

ÖLGEWINNUNG

Es ist sehr aufwendig, ein richtig gutes Olivenöl zu gewinnen. Die zum Teil bis zu mehrere hundert Jahre alten Bäume müssen gepflegt werden. Dazu gehört das regelmäßig Schneiden der Bäume genauso, wie den richtigen Zeitpunkt für die Olivenernte abzupassen. Der ist genau dann, wenn die Oliven anfangen reif zu werden, sie ihre Farbe also von Grün zu schwarz verändern. Sind die Früchte schon so reif, dass sie von selbst vom Baum fallen, haben sie zu viel Säure und das Öl schmeckt nicht mehr gut. Und weil Oliven sehr empfindlich sind, werden sie zum Teil noch mit der Hand von den Bäumen gepflückt. Danach muss die Ernte rasch verarbeitet werden, damit die Oliven vor dem Zerkleinern nicht schon zu gären beginnen. In der Ölmühle werden die Früchte gewaschen und dann mitsamt den Kernen zu einem feinen Brei gemahlen und anschließend gepresst. Die dabei entstandene Flüssigkeit wird dann in einer Zentrifuge in Öl und Fruchtwasser getrennt. Übrigens braucht man etwa 5 kg Oliven, um 1 Liter Öl zu gewinnen. Das frische Öl ist von Natur aus trüb und hat einen besonders intensiven Geschmack. Durch Filtern wird es klar, büßt aber auch einen Teil des Aromas ein.

GUTE QUALITÄT

Gutes Olivenöl ist kaltgepresst. Dieses Qualitätskriterium ist inzwischen fast jedem bekannt und wird von der Europäische Union auf den Ölflaschen als „Natives Olivenöl extra" ausgewiesen. In Italien heißt es „extra vergine", in Frankreich „vierge Extra" und in Spanien „virgen extra". Ein Öl mit dieser Bezeichnung stammt immer aus der ersten Pressung und darf einen Säuregehalt von höchstens 0,8 g je 100 g haben. „Natives Olivenöl" liegt im Säuregehalt nicht über 2 g. Öle, die diese Grenzen überschreiten, müssen raffiniert werden und kommen schlicht als „Olivenöl" in den Handel. Doch nicht nur der Säuregehalt entscheidet über den Geschmack des Öls. Auch die Sorte der Oliven und die Lage des Olivenhains spielen eine wichtige Rolle. Ähnlich wie Weinreben mögen Olivenbäume die Temperaturschwankungen des Mittelmeerraums: Heiße lange Tage, aber auch etwas Kälte in den Nächten. Oliven aus Hang- und Hügellagen sind darum meist aromatischer als solche aus der Ebene. Schauen Sie sich das Etikett der Ölflasche genau an: je exakter die Angaben sind, desto klarer kann die Herkunft bestimmt werden. Am besten sind oft die Öle, die am gleichen Ort produziert und abgefüllt wurden. Viele qualitätsbewusste Hersteller geben zudem die Olivensorte an.

RICHTIG LAGERN

Öle sind wie alle fettreichen Lebensmittel nur begrenzt haltbar. Verbrauchen Sie Olivenöl, aber auch andere Öle, darum möglichst im Jahr nach der Abfüllung und bewahren Sie es am besten in dunklen Flaschen an einem kühlen, dunklen Ort auf. Grundsätzlich kann Olivenöl stark erhitzt werden. Richtig gute Öle verlieren dabei allerdings an Geschmack. Sie eignen sich eher dazu, Gerichte kurz vor dem Servieren noch mit einem frischen Strahl aromatischen Öls zu verfeinern.

SCHATZ AUS DEM ORIENT

Sie wachsen nur im Süden Marokkos, die Früchte des Arganbaumes, aus denen in reiner Handarbeit das goldene Arganöl gewonnen wird. Es ist eines der teuersten Öle der Welt, denn die Gewinnung ist aufwendig und der Ertrag gering: Für 1 Liter werden um die 30 kg Arganmandeln benötigt! Um an sie heranzukommen, müssen die Früchte des Baums getrocknet werden, dann erst ist es möglich, das Fruchtfleisch zu entfernen, das eine harte Schale umschließt. Die Schale wird mit einem Stein aufgeklopft, um die nur kürbiskerngroße Mandel herauslösen zu können. Die Arganmandeln werden leicht angeröstet, in einer Steinmühle zermahlen und mit Wasser vermischt. Der so entstandene Brei wird dann so lange gerührt und geknetet, bis das Öl herausläuft. Es hat einen sehr intensiven Duft und erinnert geschmacklich an Nüsse, vor allem Haselnüsse und Sesamsamen. Aufgrund seines so kräftigen Aromas wird Arganöl kaum zum Kochen, sondern vielmehr wie ein Gewürz verwendet.

LAMMSPIESSE
würzig mariniert

Zutaten für 4 Portionen

700 g Lammkeule ohne Knochen

1 Zwiebel

1 Knoblauchzehe

2 EL Walnusskerne

1 EL Granatapfelsirup (Grenadine)

1 EL Zitronensaft

4 EL Olivenöl

2 TL gem. Kreuzkümmel

je 1 rote und grüne Paprika-schote

Salz

2 EL Olivenöl

besonderes Werkzeug
- 12 Metallspieße
- Grill

Zeitbedarf
- 45 Minuten
- 12 Stunden marinieren

So geht's

1. Die Lammkeule abbrausen, trocken tupfen und von größe-ren Fettstücken und Sehnen befreien (siehe Seite 15). Das Fleisch etwa 3–4 cm groß würfeln und in eine Schüssel geben. Die Zwiebel schälen und zu dem Fleisch reiben. Die Knoblauchzehe schälen und durch die Presse in die Schüssel drücken.

2. Die Walnüsse hacken und mit dem Sirup, Zitronensaft, 1 EL Olivenöl und Kreuzküm-mel zum Fleisch geben. Alles gut durchmischen und min-destens 12 Stunden oder über Nacht marinieren lassen.

3. Am nächsten Tag die Paprika-schoten waschen, vierteln und putzen. Die Viertel in etwa 3–4 cm große Stücke schnei-den und abwechselnd mit den marinierten Fleischwürfeln auf Metallspieße stecken. Spieße salzen und mit dem restlichen Olivenöl einpinseln.

4. Einen Grill oder den Back-ofengrill anheizen. Die Spieße auf dem Grill bei direkter mittlerer Hitze (etwa 15 cm über der Glut) oder auf einem Backofenrost (Tropfschutz un-terschieben) direkt unter dem Backofengrill etwa 15 Minuten grillen. Dabei häufig wenden.

Dazu schmeckt der Hirtensalat von Seite 27.

HACKSTEAK
mit Feta

Zutaten für 4 Portionen

2 altbackene Brötchen

2 Zwiebeln

4 Knoblauchzehen

je ½ Bund Petersilie und Minze

1 Stück Bio-Zitronenschale

500 g Rinderhackfleisch

2 Eier (Größe S)

Salz, Pfeffer aus der Mühle

1 kräftige Prise Chilipulver oder -flocken

200 g Feta (Schafskäse)

2 EL Olivenöl

Zeitbedarf
- 50 Minuten

So geht's

1. Die Brötchen in einer Schüs-sel mit lauwarmem Wasser bedecken und weich werden lassen. Inzwischen Zwiebeln und Knoblauch schälen und sehr fein hacken. Die Kräuter waschen und trocken schüt-teln, die Blättchen abzupfen und mit der Zitronenschale sehr fein hacken.

2. Die Brötchen gut ausdrücken und fein in eine Schüssel zer-pflücken. Zwiebeln, Knob-lauch, Kräuter, Hackfleisch und Eier dazugeben. Mit Salz, Pfeffer und Chili würzen und die Hackmasse kräftig durch-kneten, bis ein gebundener Teig entstanden ist.

3. Den Schafskäse quer in 8 fla-che Stücke schneiden. Den Fleischteig ebenfalls in 8 Por-tionen teilen. Jede Portion auf der Handfläche zu einem fla-chen Fladen formen, mit ei-nem Käsestück belegen und um den Käse verschließen, dabei etwas flacher drücken.

4. Das Olivenöl in einer großen Pfanne erhitzen. Die Hack-steaks einlegen und bei mitt-lerer Hitze auf jeder Seite 4–5 Minuten braten, bis sie schön gebräunt sind.

Dazu schmecken Fladenbrot und ein Salat.

FLEISCHBÄLLCHEN
in pikanter Tomatensauce

Zutaten für 4 Portionen

800 g Tomaten

¼ Bund Thymian

2 getr. Chilischoten

⅛ l trockener Sherry

1 Scheibe altbackenes Weißbrot

2 Zwiebeln

4 Knoblauchzehen

6 EL Olivenöl

500 g gemischtes Hackfleisch

1 Ei (Größe M)

Salz

2 EL Mandelblättchen

Zeitbedarf
▪ 45 Minuten

So geht's

1. Für die Sauce aus den Tomaten den Stielansatz mit einem kleinen Messer keilförmig herausschneiden. Die Tomaten in einer Schüssel mit kochendem Wasser überbrühen, kurz ziehen lassen, bis die Haut anfängt sich zu lösen, dann abgießen, abschrecken und häuten (siehe Seite 83). Die Tomaten sehr klein würfeln. Den Thymian kalt abbrausen. Die Chilischoten zerkrümeln und mit Tomaten, Thymian und der Hälfte des Sherrys in einem Topf erhitzen. Bei schwacher Hitze offen in etwa 30 Minuten dickflüssig einkochen lassen.

2. Inzwischen für die Bällchen das Brot in einer Schüssel mit lauwarmem Wasser bedecken und weich werden lassen. Zwiebeln und Knoblauch schälen und sehr fein würfeln. 1 EL Olivenöl in einer Pfanne erhitzen und beides darin glasig dünsten. Den restlichen Sherry angießen und alles offen bei schwacher Hitze etwa 5 Minuten köcheln lassen, bis der Sherry verdampft ist.

3. Das Brot gut ausdrücken, in eine Schüssel zerpflücken und mit Hackfleisch, Ei, Salz und der Zwiebelmischung kräftig durchkneten, dann zu etwa 20 walnussgroßen Bällchen formen.

4. In der Pfanne weitere 4 EL Öl erhitzen und die Fleischbällchen darin bei mittlerer Hitze rundherum schön braun anbraten. Thymianzweige aus der Tomatensauce entfernen. Sauce mit Salz würzen und die Bällchen hineinlegen und darin weitere 5 Minuten garen.

5. Inzwischen die Mandelblättchen im restlichen Olivenöl (1 EL) goldgelb braten. Die Hackbällchen mit den Mandelblättchen bestreut servieren.

Dazu frisches Weißbrot reichen.

Die Variante | Türkei

Fleischbällchen mit Kirschen
1 Zwiebel, 500 g Lammhackfleisch, ½ TL Zimtpulver, je 1 TL gem. Kreuzkümmel und rosenscharfes Paprikapulver, Salz, 250 g Sauerkirschen (frisch oder aus dem Glas), 4 EL neutrales Öl, 1 EL Butter, ⅛ l Fleisch- oder Gemüsebrühe, 1 EL Zitronensaft, 1 Prise Zucker

Die Zwiebel schälen, fein in eine Schüssel reiben und mit Hackfleisch und den Gewürzen kräftig durchkneten, salzen und zu walnussgroßen Bällchen formen. Kirschen abtropfen lassen oder waschen und entsteinen. Das Öl in einer Pfanne erhitzen, die Bällchen darin bei mittlerer Hitze rundherum anbraten, wieder herausnehmen. Kirschen mit der Butter im Bratfett andünsten. Die Brühe angießen und alles mit Salz, Zitronensaft und Zucker abschmecken. Bällchen einlegen und 5–10 Minute zugedeckt in der Sauce ziehen lassen. Mit Reis oder Couscous servieren.

WILDSCHWEINBRATEN
mit Rotwein

EIN SAFTIGER AROMATISCHER BRATEN, WIE MAN IHN VOR ALLEM IN DER MAREMMA, DER KÜSTENREGION DER TOSKANA, LIEBT. AM BESTEN MIT MORELLINO ZUBEREITET, DEM WÜRZIGEN ROTWEIN DER REGION.

Zutaten für 4 Portionen

1 kg Wildschweinbraten aus der Keule oder Schulter

6 Zweige Rosmarin

½ Bio-Zitrone

Salz, Pfeffer aus der Mühle

1 Zwiebel

4 Knoblauchzehen

4 Stangen Staudensellerie

300 g Tomaten

je 1 Bund Petersilie und Basilikum

4 EL Olivenöl

400 ml trockener Rotwein

1 EL Tomatenmark

2 Lorbeerblätter

100 g Oliven

1 TL Honig

Zeitbedarf
- 40 Minuten
- 2 Stunden schmoren

So geht's

1. Das Fleisch kalt abbrausen und trocken tupfen, fall nötig parieren (siehe Seite 15). Den Rosmarin waschen und trocken schütteln, die Blättchen abzupfen und fein hacken. Die Zitronenhälfte heiß waschen und abtrocknen, die Schale fein abreiben und mit Rosmarin und je 1 TL Salz und Pfeffer mischen. Den Braten rundherum damit einreiben.

2. Die Zwiebel und den Knoblauch schälen und fein würfeln. Den Sellerie waschen und die Enden abschneiden. Fäden, die sich dabei lösen, abziehen. Selleriestangen in ca. 0,5 cm breite Scheiben schneiden. Mit einem kleinen Messer aus den Tomaten den Stielansatz keilförmig herausschneiden. Die Tomaten in einer Schüssel mit kochendem Wasser überbrühen, kurz ziehen lassen, bis die Haut anfängt sich zu lösen, dann abgießen, abschrecken, häuten (siehe Seite 83) und in kleine Würfel schneiden. Die Kräuter waschen und trocken schütteln. Die Blättchen von den Stielen zupfen und fein hacken. Gut 1 EL davon zugedeckt beiseitestellen.

3. Das Öl in einem Schmortopf erhitzen, den Braten darin bei starker Hitze rundherum kräftig anbraten und wieder herausnehmen. Herd auf mittlere Hitze zurückschalten und Zwiebel, Knoblauch, Sellerie und Kräuter im übrigen Bratfett 1–2 Minuten andünsten, mit dem Wein ablöschen. Tomatenwürfel und Tomatenmark unterrühren, dabei mit dem Kochlöffel am Topfboden entlangrühren, damit sich der Bratensatz davon löst. Mit Salz und Pfeffer würzen und die Lorbeerblätter dazugeben. Das Fleisch einlegen und zugedeckt bei schwacher Hitze etwa 2 Stunden schmoren. Dabei ab und zu umdrehen.

4. Den Braten aus der Sauce heben, in Alufolie wickeln und kurz ruhen lassen. Den Bratenfond nach Belieben etwas einkochen lassen. Die Oliven untermischen und die Sauce mit Honig, Salz und Pfeffer abschmecken.

5. Den Wildschweinbraten in dünne Scheiben schneiden und auf eine vorgewärmte Platte legen. Den gebildeten Fleischsaft unter die Sauce mischen. Die Sauce über das Fleisch gießen und mit den beiseitegestellten Kräutern bestreuen, gleich servieren.

Dazu schmecken Polenta oder ein Risotto.

DESSERTS

AM MITTELMEER WERDEN NACH DEM ESSEN GERNE ARO-
MATISCHE FRÜCHTE AUFGETISCHT. SIE WACHSEN DORT
DANK DES MILDEN KLIMAS IN BESONDERER VIELFALT.
DIE BEWOHNER DES MITTELMEERRAUMS HABEN ABER
AUCH VORLIEBEN FÜR ANDERE SÜSSE KÖSTLICHKEITEN.
HIER EINE KLEINE, ABER FEINE AUSWAHL.

[a]

DAS IST *wirklich* WICHTIG

[a] KARAMELL ZUBEREITEN Dafür 100 g Zucker in einen Topf füllen und bei mittlerer Hitze schmelzen lassen, bis er goldbraun ist. Rühren Sie dabei nicht um! Haben Sie Geduld, bis der Zucker erst schmilzt und dann goldbraun wird. Und behalten Sie den Zucker immer im Blick, er brennt leicht an.

CRÈME CARAMEL
ganz klassisch

OB CRÈME CARAMEL IN FRANKREICH ODER CREMA CATALANA IN SPANIEN – DIESES DESSERT WIRD SCHLICHT ODER MIT ORANGENSCHALE ODER LAVENDEL AROMATISIERT GERNE ALS ABSCHLUSS EINES MENÜS SERVIERT.

Zutaten für 6 Portionen

150 g Zucker

1 Vanilleschote

¼ l Milch

250 g Sahne

3 Eier (Größe M)

2 Eigelb

besonderes Werkzeug
- 6 feuerfeste Förmchen (je ca. 200 ml Inhalt)

Zeitbedarf
- 30 Minuten
- 45 Minuten garen

So geht's

1. 100 g Zucker in einem Topf zu Karamell schmelzen lassen [→a]. Karamell auf die Förmchen verteilen, dabei in jedes Förmchen so viel Karamell löffeln, dass der Förmchenboden davon bedeckt ist.

2. Die Vanilleschote aufschlitzen, das Mark auskratzen und mit der Milch und der Sahne gründlich verrühren, dann den übrigen Zucker, die Eier und Eigelbe mit dem Schneebesen so vorsichtig unterrühren, dass sich kein Schaum bildet. Die Mischung langsam und vorsichtig in die Förmchen auf den Karamell gießen.

3. Den Backofen auf 150 °C (Ober- und Unterhitze; Umluft 130 °C) vorheizen. Die Förmchen nebeneinander in eine feuerfeste Form stellen und so viel kochend heißes Wasser angießen, dass die Förmchen etwa zur Hälfte im Wasser stehen.

4. Crème im Ofen (unten) ca. 45 Minuten garen, bis sie fest ist. Zum Test vorsichtig mit den Fingern auf die Crème drücken. Die Förmchen aus dem Ofen und dem Wasserbad nehmen und die Crème in den Förmchen abkühlen lassen. Dann die Crème caramel jeweils auf Teller stürzen. Dafür die Crème mit einem Messer vom Rand der Förmchen lösen. Einen Teller umgedreht auf ein Förmchen legen. Beides zusammen mit Schwung umdrehen. Falls sich die Crème nicht gleich löst, Teller und Förmchen leicht schütteln.

Die Variante | Frankreich

Crème brûlée
Die Crème ohne Karamell zubereiten und im Ofen im Wasserbad garen. Fertige Crème abkühlen lassen, vor dem Servieren mit einer dünnen Schicht feinem Zucker bestreuen und diesen mit einem Küchen-Gasbrenner schmelzen und karamellisieren lassen.

PANNA COTTA
mit Erdbeersauce

Zutaten für 4 Portionen

Für die Panna cotta

1 Vanilleschote

400 g Sahne

60 g Zucker

2 Blatt Gelatine

¼ TL abgeriebene Bio-Zitronenschale

Für die Sauce

300 g Erdbeeren

3 EL Puderzucker

1 TL Zitronensaft

besonderes Werkzeug
- 4 Förmchen (je ca. 150 ml Inhalt)
- Küchenmaschine oder Pürierstab

Zeitbedarf
- 25 Minuten
- 4 Stunden kühlen

So geht's

1. Die Vanilleschote aufschlitzen, das Mark auskratzen. Beides mit der Sahne und dem Zucker in einem Topf erhitzen und bei schwacher Hitze 10 Minuten köcheln lassen. Aufpassen, dass nichts überläuft.

2. Inzwischen die Gelatine ca. 10 Minuten in kaltem Wasser einweichen. Sahne vom Herd ziehen, die Vanilleschote entfernen. Die Gelatine nacheinander aus dem Wasser heben, ausdrücken und unter Rühren in der heißen Sahne auflösen.

3. Die Sahne mit der Zitronenschale aromatisieren und in 4 Förmchen füllen. Abgekühlt für mindestens 4 Stunden in den Kühlschrank stellen.

4. Für die Sauce die Erdbeeren waschen und entstielen. Erdbeeren würfeln und mit dem Puderzucker und dem Zitronensaft fein pürieren. Die Sauce nach Belieben durch ein Sieb passieren. Panna cotta auf Teller stürzen und mit der Erdbeersauce garniert servieren.

TIRAMISU
mit Grappa

Zutaten für 4 – 6 Portionen

4 sehr frische Eier (Größe M)

4 EL Zucker

400 g Mascarpone

350 ml kalter Espresso

2 EL Grappa

ca. 150 g Löffelbiskuits

Kakaopulver zum Bestäuben

Zeitbedarf
- 30 Minuten
- 8 Stunden kühlen

So geht's

1. Die Eier mit dem Zucker schaumig schlagen, den Mascarpone nach und nach unterrühren. Espresso und Grappa mischen.

2. Eine eckige Form mit einer Lage Löffelbiskuits auslegen, diese mit etwas Espressomischung tränken. Ein wenig Mascarponecreme daraufstreichen, mit einer weiteren Lage Löffelbiskuits belegen, die Löffelbiskuits tränken und wieder mit Creme bestreichen. Die Zutaten in dieser Reihenfolge weiter einschichten, mit einer Schicht Mascarponecreme abschließen.

3. Das Tiramisu mindestens 8 Stunden oder über Nacht kühl stellen. Vor dem Servieren etwas Kakaopulver darüberstäuben.

PFIRSICHE IN SÜSSWEIN
mit Lavendel

Zutaten für 4 Portionen

8 Zweige Lavendel mit Blüten

1 Bio-Zitrone

1 Zimtstange

¼ l Banyuls oder anderer aromatischer Süßwein (weiß oder rot; ersatzweise Portwein)

100 g Zucker

4 große, reife gelbe oder weiße Pfirsiche

200 g Sahne (nach Belieben)

4 Kugeln Vanilleeis

Zeitbedarf
- 40 Minuten
- abkühlen

So geht's

1. Den Lavendel kalt abspülen und trocken schütteln, die Blüten von den Stängeln zupfen oder streifen. Die Zitrone heiß waschen und abtrocknen, die Schale so dünn abschneiden, dass die darunterliegende Haut nicht mit entfernt wird. Dafür eignet sich am besten ein kleines, sehr scharfes Messer oder ein Sparschäler.

2. Lavendelblüten, Zitronenschale, Zimt, Wein und Zucker in einem Topf mischen, zum Kochen bringen und offen bei mittlerer Hitze in etwa 15 Minuten leicht dickflüssig einkochen lassen, gelegentlich umrühren.

3. Inzwischen die Pfirsiche häuten. Von reifen Früchten lässt sich die Haut leicht abziehen. Einfach einschneiden und ablösen. Härtere Früchte an der Oberfläche je einmal kreuzweise einschneiden und in einer Schüssel mit kochendem Wasser überbrühen. Sobald die Haut an den Schnitten anfängt sich abzulösen, die Pfirsiche abgießen, abschrecken und die Haut abziehen. Die Pfirsiche halbieren und entkernen. Die Hälften in den Süßwein-Sud legen und bei schwacher Hitze etwa 6 Minuten darin ziehen lassen. Nach der Hälfte der Zeit einmal wenden. Die Pfirsiche im Sud erkalten lassen.

4. Zum Servieren die Pfirsiche abtropfen lassen und je 2 Hälften auf Schälchen oder Tellern verteilen. Den Sud nochmals aufkochen und offen bei mittlerer Hitze in 5–10 Minuten dickflüssig einkochen lassen. Nach Belieben die Sahne steif schlagen. Das Eis neben den Pfirsichen verteilen. Zitronenschale und Zimtstange aus dem Sud entfernen und den Sud über das Eis und die Pfirsiche tröpfeln lassen und gleich servieren. Die Sahne dazu reichen.

GETRÄNKE
Wein, Kaffee und Tee

VON WEISSEM UND ROTEM WEIN SOLL HIER GAR NICHT DIE
REDE SEIN. ER GEHÖRT IM GANZEN MITTELMEERRAUM –
SOFERN NICHT VOM ISLAM GEPRÄGT – BEIM ESSEN GANZ
SELBSTVERSTÄNDLICH MIT AUF DEN TISCH. HIER GEHT'S
UM DAS, WAS SONST NOCH GETRUNKEN WIRD.

SÜSSWEINE

Wo die Sonne verlässlich scheint, wird in der Regel auch eine spezielle Art von Süßwein hergestellt. Dafür werden reife Trauben geerntet und anschließend vorzugsweise an der Sonne getrocknet. So entsteht zum Beispiel auf der süditalienischen Insel Pantelleria der „Passito di Pantelleria", ein lange haltbarer, hocharomatischer und leicht nach Karamell schmeckender Wein, der nicht nur zu Süßem schmeckt, sondern auch zu Käse.

ANISGETRÄNKE

Er heißt „Pastis" in Südfrankreich, „Sambuca" in Italien und „Ouzo" in Griechenland. Gewöhnlich wird ein Teil Anisschnaps mit vier Teilen Wasser aufgegossen und aus der klaren Flüssigkeit entsteht ein trübes, weißes Getränk, das mit ganz viel Aroma als Aperitif den Abend einläutet und mit dem ein Essen auch abgeschlossen wird. In der Türkei trinkt man „Raki", einen Schnaps, der aus Trauben oder auch aus Feigen gebrannt und mit Anissamen aromatisiert wird. Auch er wird, mit Wasser verdünnt und mit ein paar Eiswürfeln gekühlt, vor und nach dem Essen serviert.

AUS FEINEN BOHNEN

Die Italiener sind nach wie vor die unangefochtenen Meister in der Kaffeezubereitung. Was wir als Espresso bezeichnen und meist nach einem üppigen Essen trinken, heißt in Italien schlicht „caffè" und wird von den Italienern den ganzen Tag über und zu jeder Gelegenheit in den vielen Bars bestellt und schnell im Stehen getrunken. Mit einem Tupfen Milchschaum darauf heißt er „caffè macchia-

to", mit einem Schuss Hochprozentigem wie Sambuca „caffè corretto". Der auch bei uns sehr beliebte „cappuccino" zeichnet sich durch einen kräftigen Espresso mit viel Milchschaum aus. Ein „caffè latte" ist ein Espresso, der im Glas mit viel heißer Milch aufgegossen wird, in eine „latte macchiato" wird hingegen der „caffè" in die heiße Milch gegossen, so dass die typischen Schichten entstehen. In Frankreich wird diese Kaffee-Variante aus einem ganz ähnlichen Mischverhältnis „café au lait" genannt und in einer großen Schale serviert.

ARABISCHER MOKKA

Von Griechenland bis Syrien wird der starke und meist gewürzte und gesüßte Mokka in kleinen Stielkännchen zubereitet. Für 4 Tässchen werden dafür zuerst die Samen von 2 Kardamomkapseln in einer Pfanne bei mittlerer Hitze kurz geröstet und anschließend im Mörser fein zerstoßen. Das Gewürz wird dann zusammen mit 200 ml Wasser, 1 EL Zucker und 4 gehäuften TL staubfein gemahlenem Mokka in einem Kännchen – meist aus Kupfer oder Messing – erhitzt. Wenn die Flüssigkeit aufschäumt, wird der Mokka kurz vom Herd gezogen, um ihn dann ein weiteres Mal auf der heißen Platte aufschäumen zu lassen. Damit möglichst wenig Kaffeesatz mit in die Tassen kommt, gießt man den Mokka ganz vorsichtig in die Tässchen und wartet vor dem Trinken kurz, bis sich der restliche Kaffeesatz absetzt.

MINZTEE

Nicht nur in Marokko wird Minztee zu jeder Gelegenheit getrunken. Er besteht in der Regel aus schwarzem oder grünem Tee, Wasser, Zucker und frischen Minzeblättern. Überbrühen Sie für diesen mediterranen Genuss 3 TL Teeblätter mit ¼ l kochendem Wasser und gießen Sie das Ganze sofort wieder ab. Mischen Sie jetzt die schon leicht aufgequollenen Teeblätter mit ½ l heißem Wasser und 5 EL Zucker. Der Tee muss etwa 1 Minute ziehen. Inzwischen die Blätter von 1 Bund Minze waschen, abzupfen und in den Tee rühren. Nach etwa 2 Minuten kann der frische Minztee in Gläser gefüllt und getrunken werden.

ERFRISCHEND ANDERS

In den arabischen Ländern wird Tee und Kaffee den ganzen Tag über getrunken. Bei genauerem Hinsehen entdeckt man aber auch noch andere Getränke, die an den vielen heißen Tagen den Durst lösen. Dazu gehört zum Beispiel der frisch gepresste Saft aus den prallen, saftigen Granatäpfeln, die an der mediterranen Küste wie bei uns die Äpfel an den Bäumen hängen. Außerdem sind Tamarinden- und Lakritzsaft und ein Aufguss aus Hibiskusblüten sehr beliebt. In der Türkei erfrischt man sich mit Ayran, einem Getränk aus mit Wasser verdünntem Joghurt und einer Prise Salz.

[a]

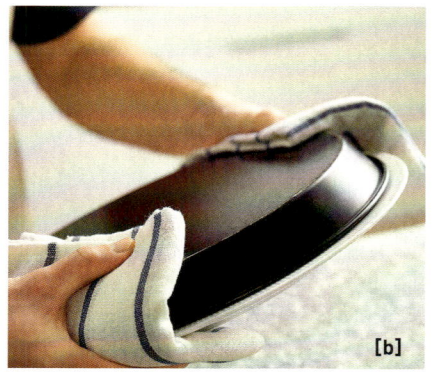

[b]

DAS IST
wirklich
WICHTIG

....

[a] ÄPFEL KARAMELLISIEREN Lassen Sie
die Butterwürfel in der Pfanne oder Tarteform schmelzen. Puderzucker unterrühren und flüssig werden lassen. Die Äpfel
bei schwacher bis mittlerer Hitze mitga-
ren und leicht braun werden lassen. Dabei
ab und zu vorsichtig umrühren, damit sie
nicht anbrennen.

[b] TARTE STÜRZEN Den Teig mit der Messerspitze vom Rand der Form lösen. Legen Sie eine große Kuchenplatte umgedreht auf die Tarteform. Greifen Sie Form
und Platte mit beiden Händen (Topflappen
benutzen!) und drehen sie zusammen mit
Schwung um.

TARTE TATIN
mit Äpfeln

EINE KLASSISCHE SÜSSSPEISE AUS FRANKREICH, WO SIE AM LIEBSTEN
LAUWARM ALS DESSERT SERVIERT WIRD. DIE SCHWESTERN TATIN
SOLLEN DIE FEINE TARTE IM 19. JAHRHUNDERT ERFUNDEN HABEN.

Zutaten für 12 Stück

Für den Teig

150 g Butter

½ Bio-Zitrone

200 g Mehl

Salz

50 g Zucker

1 Eigelb

Für den Belag

1,2 kg kleine säuerliche Äpfel

100 g Butter

100 g Puderzucker

besonderes Werkzeug

▪ hitzebeständige Tarteform mit
  geradem Rand (30 cm Ø)

Zeitbedarf

▪ 40 Minuten
▪ 1 Stunde kühlen
▪ 25 Minuten backen
▪ 10 Minuten ruhen

So geht's

1. Für den Teig die Butter schmelzen und lauwarm abkühlen lassen. Die Zitronenhälfte heiß waschen und abtrocknen, die Schale fein abreiben.

2. Das Mehl mit 1 Prise Salz und dem Zucker mischen. Flüssige Butter, Zitronenschale und Eigelb dazugeben und alles mit den Händen zu einem glatten Teig verkneten. Teig zu einer Kugel formen, in Folie wickeln und 1 Stunde kühl stellen.

3. Dann für den Belag die Äpfel schälen, achteln und vom Kerngehäuse befreien. Die Butter in einer Tarteform (keine Porzellanform!) oder einer Pfanne zerlassen, den Puderzucker darin flüssig werden lassen und die Äpfel hinzufügen. Die Äpfel bei schwacher bis mittlerer Hitze ca. 15 Minuten garen und leicht karamellisieren, dabei ab und zu vorsichtig umrühren [→a].

4. Den Backofen auf 220 °C (Ober- und Unterhitze; Umluft 200 °C) vorheizen. Den Teig zwischen zwei Lagen Backpapier oder Frischhaltefolie etwas größer als die Form rund ausrollen. Die Äpfel mit dem Zuckersaft in die Form füllen (falls Sie sie in einer Pfanne gegart haben). Den Teig auf die Äpfel in der Form stürzen und rundherum am Rand gut festdrücken. Die Tarte im Ofen (Mitte) ca. 25 Minuten backen, bis der Teigdeckel schön gebräunt und knusprig ist. Die fertige Tarte aus dem Ofen nehmen und 10 Minuten stehen lassen, stürzen [→b] und lauwarm abkühlen lassen.

Die Variante | Frankreich

Aprikosen-Tarte

150 g Butter, abgeriebene Schale von ½ Bio-Zitrone, 200 g Mehl, Salz, 50 g Zucker, 1 Eigelb, 700 g Aprikosen, 4 Zweige Lavendel mit Blüten, 250 g Crème fraîche, 75 g flüssiger Honig, 1 EL Zitronensaft, 2 Eier (Größe M)

Die Butter würfeln und mit Zitronenschale, Mehl, 1 Prise Salz, Zucker und Eigelb zu einem Teig verkneten. Eine Tarteform (30 cm Ø) mit dem Teig auskleiden und 1 Stunde kühl stellen. Die Aprikosen waschen, halbieren und entsteinen. Lavendel waschen, Blättchen und Blüten von den Stielen streifen und mit den Aprikosen auf dem Teigboden verteilen. Crème fraîche mit Honig, Zitronensaft und Eiern verrühren. Guss über die Aprikosen gießen. Die Tarte im vorgeheizten Backofen bei 200 °C (Ober- und Unterhitze; Umluft 180 °C) etwa 35 Minuten backen.

DATTELN
mit Marzipanfüllung

Zutaten für ca. 12 Stück

12–15 große, frische Datteln

½ Bio-Orange

20 g Pistazienkerne

100 g Marzipan-Rohmasse

1 TL Zimtpulver

Zeitbedarf
- 20 Minuten

So geht's

1. Die Datteln auf einer Seite der Länge nach mit einem scharfen Messer aufschneiden. Die Hälften aufklappen und den Kern vorsichtig herauslösen. Die Dattelhälften sollten noch zusammenhalten.

2. Für die Füllung die Orangenhälfte heiß waschen und abtrocknen, die Schale dünn abreiben. Nur so bekommt man das feine Orangenaroma. Reibt man die darunterliegende weiße Schicht mit ab, schmeckt es bitter. Den Orangensaft auspressen. Die Pistazienkerne fein hacken. Die Marzipan-Rohmasse mit Orangenschale, ca. 1 TL Saft und Zimt verkneten, bis eine geschmeidige Masse entsteht. Die Pistazien unterkneten.

3. Die Marzipanfüllung in 12–15 Portionen (je nach Größe der Datteln) teilen. Jede Portion in längliche Stücke formen, die etwas kleiner als die Datteln sind. Die Marzipanstücke in je eine Dattel legen und die Hälften leicht zusammendrücken. Gefüllte Datteln gleich servieren oder für einige Stunden in den Kühlschrank stellen.

BAKLAVA
mit Zitrushonig

Zutaten für 6–7 Portionen

100 g gemahlene Walnusskerne

100 g gemahlene Mandeln

2 Eiweiß (Größe L)

Salz

1 EL Puderzucker

1 Prise Zimtpulver

2 EL Orangenblütenwasser

50 g Butter

5 Strudel, Yufka- oder Filoteigblätter (ca. 30 x 30 cm, ca. 100 g; Kühlregal)

1 Orange

1 Zitrone

50 g Zucker

80 g Honig

besonderes Werkzeug
- Stricknadel oder dickes Holzstäbchen

Zeitbedarf
- 30 Minuten
- 40 Minuten backen
- 2 Stunden ruhen

So geht's

1. Gemahlene Nüsse mischen. Die Eiweiße mit 1 Prise Salz und Puderzucker steif schlagen. Die Nussmischung mit Zimt und Orangenblütenwasser unterheben.

2. Den Backofen auf 180 °C (Ober- und Unterhitze; Umluft 160 °C) vorheizen. Die Butter zerlassen, die Teigblätter auseinanderlösen und halbieren.

3. Ein Blatt in eine feuerfeste Form (ca. 15 x 30 cm) legen, mit etwas Butter bepinseln, ein zweites Teigblatt auflegen, wieder mit Butter bestreichen und ein Viertel der Nussmasse daraufstreichen. Diesen Vorgang noch dreimal wiederholen. Mit den 2 letzten gebutterten Teigblättern abschließen. Das Baklava im heißen Ofen (Mitte) etwa 40 Minuten backen, bis es schön gebräunt ist.

4. Die Orange und Zitrone auspressen. Etwa 225 ml Saft mit dem Zucker in einem Topf aufkochen und bei mittlerer Hitze in 10–15 Minuten dickflüssig einkochen. Den Honig im Sirup auflösen. Das Baklava mehrmals einstechen und mit dem Zitrushonig gleichmäßig beträufeln. Mindestens 2 Stunden, besser über Nacht, durchziehen lassen. Baklava in Stücke geschnitten servieren.

FRUCHTSALAT
mit Zimtjoghurt

Zutaten für 4 Portionen

- 250 g gemischte Trockenfrüchte (Feigen, Aprikosen und Rosinen)
- 100 g frische Datteln
- 1 Bio-Orange
- ½ Bio-Zitrone
- 1 Stück Zimtstange
- 2 Sternanis
- 2 Kardamomkapseln
- 70 g Zucker
- 250 g Naturjoghurt
- 1 Päckchen Vanillezucker
- 1 TL Zimtpulver
- 4 EL Mandelblättchen
- 1 EL Butter

Zeitbedarf
- 30 Minuten
- über Nacht ruhen

So geht's

1. Die Feigen in Spalten, die Aprikosen in Streifen schneiden und mit den Rosinen in eine Schüssel füllen. Die Datteln aufschneiden, entkernen und vierteln. Zu den Trockenfrüchten geben.

2. Die Orange und die Zitronenhälfte heiß waschen und abtrocknen, jeweils 1 Stück Schale dünn abschneiden. Beide Früchte auspressen und den Saft mit den ganzen Gewürzen, Zucker und ⅛ l Wasser in einem Topf unter Rühren erwärmen, bis sich der Zucker gelöst hat. Gewürzsud über die Früchte gießen, die Zitrusschalen untermischen und über Nacht ziehen lassen.

3. Am nächsten Tag Joghurt, Vanillezucker und Zimtpulver verrühren. Die Mandelblättchen mit der Butter in einem Pfännchen bei mittlerer Hitze unter Rühren goldgelb rösten.

4. Den Salat gut durchmischen und ganze Gewürze und Zitrusschalen daraus entfernen. Die Trockenfrüchte auf Schälchen verteilen und mit den Mandelblättchen bestreuen. Den Joghurt dazu servieren.

MANDELMONDE
mit Zimt

Zutaten für ca. 30 Stück

Für den Teig
- 130 g Butter
- 250 g Mehl + Mehl zum Arbeiten
- Salz
- 50 ml Orangenblütenwasser

Für die Füllung
- 125 g geschälte, gemahlene Mandeln
- 50 g Zucker
- ½ TL Zimtpulver
- 25 ml Orangenblütenwasser
- 3 – 4 Tropfen Bittermandelaroma

Zum Bestreichen
- 1 EL zerlassene Butter
- 2 EL Puderzucker

Zeitbedarf
- 35 Minuten
- 20 Minuten backen

So geht's

1. Für den Teig Butter schmelzen und lauwarm abkühlen lassen. Butter, Mehl, 1 Prise Salz und Orangenblütenwasser zu einem glatten, geschmeidigen Teig verkneten. In ein Küchentuch wickeln und bei Zimmertemperatur 30 Minuten ruhen lassen.

2. Inzwischen für die Füllung Mandeln, Zucker, Zimt, Orangenblütenwasser und Bittermandelaroma mischen und zu einer dicken Paste verkneten. Füllung in Frischhaltefolie wickeln.

3. Den Teig auf wenig Mehl so dünn wie möglich ausrollen und zu etwa 8 x 4 cm großen Rechtecken schneiden.

4. Den Backofen auf 200 °C (Ober- und Unterhitze; Umluft 180 °C) vorheizen. Die Mandelfüllung in so viele Portionen wie Teigstücke teilen. Die Portionen zu etwa 6 cm langen und 1 cm dicken Rollen formen und jeweils auf ein Teigstück legen. Die Teigränder über der Füllung zusammennehmen und mit den Fingerspitzen gut zusammendrücken. Die Teigpäckchen zu Halbmonden biegen und mit der Naht nach unten auf ein mit Backpapier belegtes Blech setzen.

5. Die Mandelmonde im heißen Ofen (Mitte) etwa 20 Minuten backen, bis sie schön gebräunt sind. Lauwarm abkühlen lassen, dann mit flüssiger Butter bestreichen und großzügig mit Puderzucker bestäuben.

REZEPTREGISTER VON A–Z

REZEPTE NACH LÄNDERN

FÜR KULINARISCHE GLOBETROTTER

Annemarie Lenze
California
224 Seiten, 242 Abbildungen,
€/D 29,95

Marlisa Szwillus
Asiatisch gut gekocht!
224 Seiten, 252 Abbildungen, €/D 19,95

„Asiatisch gut gekocht" ist eine kulinarische Reise durch die vielfältigen Regionen des größten Kontinents. Neben vielen authentischen Rezepten erklärt es die wichtigsten Gartechniken, zeigt den Umgang mit exotischen Obst- und Gemüsesorten, Gewürzen und Aromen und gibt in sieben Länderreportagen mit stimmungsvollen Fotos Einblick in die Kultur und kulinarische Tradition Asiens.

Reinhardt Hess
Die Landküche der Provence
144 Seiten, 122 Abbildungen, €/D 19,95

kosmos.de/kochen

URLAUBSFEELING FÜR ZUHAUSE

Matthias F. Mangold
Grillgenuss für jede Jahreszeit
160 Seiten, 125 Abbildungen, €/D 19,95

Ob Neujahrsgrillen, Frühlingsparty, Sommerfest, Halloween-Grillen für Kinder – wahre Grillfans sind immer Feuer und Flamme. Über 130 heiße Rezepte für Fleisch, Fisch, Obst & Gemüse, viele vegetarische Gerichte. Dazu raffinierte Marinaden, Saucen, Dips und Gewürzmischungen für eine Extraportion Geschmack.

Rose Marie Donhauser
Draußen genießen
160 Seiten, 131 Abbildungen, €/D 19,95

Ob gemütlicher Brunch auf dem Balkon oder Grillparty mit Freunden im Garten – es finden sich viele Anlässe um unter freiem Himmel zu schlemmen. Für alle Gelegenheiten gibt es in diesem Buch die geeigneten kulinarischen Begleiter und viele zusätzliche Tipps und Tricks für die Planung und Vorbereitung.

WIR ❤ KOCHEN

AKTEURE

Cornelia Schinharl gehört zu den erfolgreichsten Koch- und Backbuch-Autorinnen des deutschsprachigen Raums. Sie hat für zahlreiche ihrer Bücher schon Auszeichnungen erhalten, darunter Silbermedaillen der Gastronomischen Akademie Deutschlands und einen World Cookbook Award. Mit immer neuer Leidenschaft und Kreativität entwickelt sie mit Vorliebe Rezepte mit mediterranem Einfluss. Dabei lässt sie gekonnt traditionelle Einflüsse und südliche Aromen mit einfließen und gestaltet die Rezepte dabei so unkompliziert, dass sie immer wieder zum Ausprobieren und Nachkochen einladen. Bei KOSMOS erschienen von ihr bereits „Vegetarisch gut gekocht!", „Biokisten Kochbuch" u. v. a.

Alexander Walter ist weit über 20 Jahren selbstständiger Fotograf. Im Auftrag renommierter Verlage und internationaler Agenturen arbeitet er vor allem in den Bereichen Food, Still Life, People, Reportage und Industrie. Der leidenschaftliche Hobbykoch war bei über 50 Kochbüchern für die optische Umsetzung des Konzepts verantwortlich. Er lebt und arbeitet mitten im Grünen, im schönsten bayerischen Oberland in der Nähe von München.

Sven Dittmann hat die Gerichte für dieses Buch verführerisch in Szene gesetzt. Der gelernte Koch, der 11 Jahre lang in renommierten Restaurants gearbeitet hat, ist seit 2006 als freiberuflicher Foodstylist für Verlage und Werbeagenturen tätig.

Maria Gilg, gelernte Floristin, hat ihre Liebe und ihr Gespür für Gestaltung und Requisiten mit der Zeit auch auf die Bereiche Food und Still Life erweitert. Für Alexander Walter hat sie schon mehrere Fotoproduktionen gekonnt mit liebevollen Accessoires ausgestattet und ist auch bei diesem Buch für das wunderschöne Styling verantwortlich.

IMPRESSUM

Mit 132 Farbfotos von Alexander Walter

Umschlaggestaltung von Gramisci Editorialdesign, München unter Verwendung zweier Fotos von Alexander Walter

Rezepte, Geling-Tipps, Infos zum KOSMOS-Kochbuch-Programm und vieles mehr unter-
kosmos.de/gut-gekocht

Unser gesamtes lieferbares Programm und viele weitere Informationen zu unseren Büchern, Spielen, Experimentierkästen, DVDs, Autoren und Aktivitäten finden Sie unter
kosmos.de

Gedruckt auf chlorfrei gebleichtem Papier

© 2013, Franckh-Kosmos Verlags-GmbH & Co. KG, Stuttgart
Alle Rechte vorbehalten

ISBN 978-3-440-13794-9

Projektleitung und Lektorat:
Stephanie Schönemann
Gestaltungskonzept und Layout:
Gramisci Editorialdesign, München
Satz: FSM Premedia, Münster
Produktion: Eva Schmidt
Printed in Germany / Imprimé en Allemagne